Revolution Smartphone

Noel Schäfer

Revolution Smartphone

Endlich mehr Zeit, weniger Zeit zu haben

Bibliografische Information der Deutschen Nationalbibliothek:
Die Deutsche Nationalbibliothek verzeichnet diese Publikation
in der Deutschen Nationalbibliografie; detaillierte bibliografische Daten sind im Internet über http://dnb.dnb.de abrufbar.

Zweite Auflage

BoD-Ausgabe - Februar 2021

Illustration: https://pixabay.com/users/saydung89-18713596/

Herstellung & Verlag: BoD – Books on Demand, Norderstedt

ISBN: 978-3-7526-2340-6

Dieses Buch ist auch als eBook erhältlich.

Fragen, Anregungen oder Kritik? Kontaktieren Sie mich:

noel@schaefer.tk | www.schaefer.tk

Für meine Schwester Mara, damit sie sich in der digitalisierten Welt besser zurechtfindet.

Inhaltsverzeichnis

I

Worum es geht

In der Folge des digitalen Wandels verfügen heute weltweit 66 Prozent der Menschen über ein Smartphone, in Deutschland sind es sogar 81 Prozent. Das Smartphone ist allgegenwärtig und aus dem Leben der Menschen nicht mehr wegzudenken. Aus der ursprünglichen Telefon-Funktion ist im Laufe der Zeit ein multimedialer Alleskönner geworden, der den Menschen umfangreichen Zugriff auf das Internet gewährt und mit der Möglichkeit der Kommunikation in sozialen Netzwerken für dauerhafte Unterhaltung sorgt.

Das Ziel dieser Arbeit ist es herauszufinden, welche Auswirkungen das Smartphone auf seinen Nutzer hat und ob sich aus der Nutzung im Alltag ein zusätzlicher Stressfaktor ergibt. Dazu wird die folgende These aufgestellt: Smarte Geräte wirken im Alltag nicht nur entlastend, sondern stellen auch einen neuartigen Stressfaktor für den Nutzer dar.

Um die These zu diskutieren, wurden anhand von empirischen Erkenntnissen und verfügbarer Literatur zunächst die Rolle des Smartphones für die Menschen eruiert, Auswirkung von Smartphones auf den Menschen untersucht und schließlich Lösungen, die langfristigen negativen Folgen vorbeugen können, welche sich aus der Literatur ableiten lassen, aufgezeigt. Die Bearbeitung der These zeigt, dass ein Handlungsbedarf entsteht, da bereits heute in vielerlei Hinsicht Probleme bestehen, die aus dem unsachgemäßen Umgang mit Smartphones resultieren.

Auf der Grundlage der in dieser Arbeit gewonnenen Erkenntnisse empfehlen sich weitere wissenschaftliche Untersuchungen sowie umfangreiche Langzeitstudien zur Smartphone-Nutzung aber auch politische Diskussionen über das Fortschreiten der Digitalisierung sowie einen gesunden Umgang mit digitalen Endgeräten.

Vorwort

Ich erinnere mich noch genau an den Tag, an dem ich mein Smartphone (damals ein iPhone 3G) auf Vibration gestellt habe. Es war mein erstes Smartphone und dementsprechend gingen dieser Entscheidung enthusiastische Wochen voraus. Wochen in denen sich mein iPhone unaufhörlich meldete. Facebook war zu dieser Zeit in unserem Freundeskreis die Adresse überhaupt und so klingelte und vibrierte es unaufhörlich, wenn Christian mich mal wieder auf einem Bild markierte, Davina auf meine Seite gepostet hatte oder sonst etwas in der virtuellen Welt geschehen war.

Ein paar Jahre vergingen und das Smartphone wurde mehr und mehr Bestandteil unseres Alltags. Wir schreiben permanent, sind rund um die Uhr vernetzt, greifen ständig zum Smartphone und sind immer erreichbar. Hatte es mich in den ersten Jahren kaum gestört wurde es mir 2011 zu viel. Auf dem Weg von der Bushaltestelle zur Schule vibrierte es wieder. Kurz vor 8 Uhr an einem Montagmorgen. Ich erinnere mich noch genau an diesen Moment. Dies sollte schließlich der Auslöser dafür sein, dass ich auch die Vibration abstellte.

Ein Handy ohne Vibration und ohne Ton. „Super" könnte man nun meinen. „Kann er doch jetzt ganz einfach selbst entscheiden, wann er zum Smartphone greift!" Der Satz mag zunächst logisch erscheinen, in der Realität sah es jedoch anders aus. Meine Absicht war es, endlich wieder selbst zu entscheiden, wann ich auf mein Smartphone schaue und dem entgegenzuwirken, dass ich zum „Sklaven" meines Smartphones werde, indem es mir sagt, wann ich auf den Bildschirm zu schauen habe.

Es entwickelte sich mit der Zeit jedoch eine Art Reflex, der mich dutzende Male pro Tag auf das Smartphone schauen ließ - unterbewusst, ohne dass ich dies aktiv tun wollte. Allmählich entwickelte sich ein Gefühl, etwas zu verpassen, und so erwischte ich mich regelmäßig dabei, einfach so auf mein Smartphone zu schauen. Es blieb meist nicht beim Nachschauen, sondern endete nicht selten mit dem Abrufen neuer E-Mails und Surfen im Netz, so dass ich mich hin und wieder für viele Minuten im Internet verlor.

Ein paar Jahre später geschah etwas, das mich rückblickend betrachtet erst so richtig verändern sollte. Apple präsentierte mit der Apple Watch im Jahr 2014 eine gänzlich neue Möglichkeit der Kommunikation, nämlich Benachrichtigungen direkt am Handgelenk empfangen und beantworten zu können.

Für mich persönlich mag das offenkundig ein Rückschritt gewesen sein, denn wo ich zuvor noch Ton und Vibration vollkommen deaktiviert hatte, machte mich die Apple

Watch jederzeit mit einer sanften Vibration auf neue Benachrichtigungen aus der digitalen Welt aufmerksam. Diese völlig neue Art der Benachrichtigung wurde mit der Zeit für mich zu einem neuen Sinnesorgan. Ich konnte jetzt in einem Sekundenbruchteil die neue WhatsApp-Nachricht meiner Freunde, die Eilmeldung der FAZ-App oder die Facebook-Benachrichtigung direkt am Handgelenk lesen und musste nicht mehr erst mein Smartphone aus der Hosentasche ziehen.

Neun Jahre mit dem Smartphone mussten vergehen, bis ich zur Einsicht kam: Das Smartphone ist nicht nur das „Schweizer Taschenmesser" des 21. Jahrhunderts, sondern ein unheimlich bestimmendes und einflussnehmendes Gerät, welches mich persönlich in einen bis dahin unbekannten dauerhaften Stress-Modus bringt.

Ich bin ein absoluter „Digital Native". Aufgewachsen zu Zeiten der Dotcom-Blase, in der ersten Klasse das erste Handy, mit acht Jahren der erste Computer, zur Kommunion der erste eigene Internetzugang und im Prinzip seit der fünften Klasse bei allen digitalen Themen immer vorne mit dabei. Eigenes Benutzerforum, eigener Blog, eigener Server, eigenes Smartphone, eigenes Notebook, eigenes Tablet.

Jahrelang habe ich die Digitalisierung an allen Fronten verteidigt, mich in Diskussionen gegen diejenigen gestellt, die

Bedenken hatten und schließlich alles abgelehnt, was auch nur im Entferntesten gegen digitale Medien gesprochen hat, in der Annahme, dass das alles richtig ist, es eben die neue Welt ist, dass es einfach dazu gehört und dass das die Zukunft der neuen Generation ist.

So blind für andere Dinge und besessen ich auch von der digitalen Welt war, hatte sich in den letzten 12 Monaten etwas verändert. Etwas in mir signalisierte mir, dass etwas nicht stimmt. Ich hatte vermeintlich keine Zeit für die banalsten Dinge, zum Lesen, einen Film gucken oder einen Abend an der Spielekonsole verbringen. Aber auch die Tatsache, dass ich schon um 14 Uhr mein Smartphone aufladen musste, hatte mich mit der Zeit nachdenklich gestimmt. Im Stress-Seminar des vorletzten Semesters wurde mir bewusst, dass mit mir etwas nicht in Ordnung ist. Mit den Jahren, so schien es, hatte sich bei mir eine Informationssucht entwickelt.

Im Rahmen meiner Modulabschlussprüfung hatte ich mich passend zum Seminarinhalt für das Thema „Digital Detox" entschieden. So beschäftigte ich mich für einige Wochen intensiv mit dem Phänomen „Smartphone-Sucht" und somit auch mit meinem eigenen Verhalten. Das diese Arbeit mein Leben so grundlegend verändern und einen unumkehrbaren Prozess einleiten würde, hätte ich nicht für möglich gehalten. Es ist maßgeblich dem Filmemacher Florian Opitz zu verdanken, der mit seinem

Dokumentarfilm „Speed" eine Verhaltensänderung bei mir bewirkte.

Zunächst hatte ich meinen Smartphone-Konsum für einige Wochen mit einer App erfasst, ohne mir selbst Limits oder Vorgaben zu setzen. Ich musste feststellen, dass ich mich nicht selten vier Stunden täglich mit meinem Smartphone beschäftigte. Hinzu kam dann noch die Zeit, die ich am Computer verbrachte, sowie die vielen Minuten, in denen ich meine Apple Watch benutzte. Keine Zeit zu haben, ständig auf die im öffentlichen Leben zahlreich vorhandenen Bildschirme zu starren und aus unerklärlichem Grund immer wieder das Smartphone in die Hand zu nehmen, waren das erschreckende Fazit meiner Selbstreflexion.

Das Resultat einer bis heute andauernde und intensive Auseinandersetzung mit meinem Verhalten ist der Grund dafür, dass ich heute im Durchschnitt nicht mehr als 70 Minuten das Smartphone nutze. Auf den ersten Blick wirkt dieser Zeitraum immer noch hoch, in Relation zum Ausgangswert bin ich jedoch jetzt wieder in einem Bereich, der eine Selbstbestimmung ermöglicht und keinen Stress hervorruft. Schließlich geht es wie mit allen Dingen um einen sinnvollen und bewussten Umgang, d. h. ein gesundes Mittelmaß zu finden.

Mit dieser Arbeit schließt sich das vorerst letzte Kapitel meiner Selbsttherapie und gleichzeitig markiert diese Arbeit auch das Ende meines Bachelorstudiums. Ich bin sehr dankbar dafür, die Chance bekommen zu haben, mit dieser Arbeit die grundlegende Problematik zum Thema fortschreitende Digitalisierung, insbesondere in Form des Smartphones, beleuchten zu können.

Ich hoffe, dass die Gesellschaft dieses wichtige Thema in naher Zukunft in einer öffentlichen Debatte führen wird, damit unsere Zukunft von der Digitalisierung profitiert und in den nächsten Jahrzehnten nicht unter der „Nebenwirkungen", wie Stress und Sucht in den vielfältigsten Formen oder gar an dem Verlust kognitiver Fähigkeiten, leiden muss.

Die Forschung beschäftigt sich bereits mit dem Thema, wie den folgenden Ausführungen zu entnehmen ist, jedoch scheint es noch nicht wirklich in der gesellschaftlichen Debatte angekommen zu sein. Es lässt sich vermuten, dass das Thema auch ignoriert oder geleugnet wird. Entscheiden Sie selbst: Wie abhängig sind Sie von Ihrem Smartphone? Wundern Sie sich auch, wenn nach einer einfachen Push-Benachrichtigung wieder fünf Minuten verstrichen sind, obwohl Sie doch „nur mal eben" etwas nachschauen wollten?

Meine Apple Watch habe ich übrigens während der Erstellung meiner Bachelorarbeit verkauft. Mein Handgelenk schmückt nun eine einfache Armbanduhr mit Datumsanzeige, ohne Vibration und Bluetooth. Jeden Abend aufladen muss ich diese Uhr jetzt auch nicht mehr.

Moers, im September 2018

Noel Schäfer

Einleitung

W ollte man noch vor wenigen hundert Jahren jemandem etwas mitteilen, der nicht im näheren Umfeld wohnhaft war, so musste die Reise zum Empfänger vom Sender gut geplant werden. Möchte man heute jemandem etwas mitteilen, braucht man nur sein Smartphone in die Hand zu nehmen, den Empfänger in WhatsApp auswählen und die Nachricht in das Gerät tippen.

Schöne neue Welt könnte man meinen, jedoch wirken smarte Geräte im Alltag nicht entlastend, sondern stellen einen neuartigen Stressfaktor für den Nutzer dar. Warum das so ist, was Aufmerksamkeit und Achtsamkeit damit zu tun haben und wieso mit zunehmender Digitalisierung die Konzentrationsfähigkeit der Benutzer abnimmt, sind Fragen, mit denen sich diese Arbeit auseinandersetzt.

Noch einmal zurück zur Reise in die Vergangenheit. Man beachte die Entwicklung der Kommunikation und der damit einhergehenden Raum-Zeit-Kompression (vgl. Rosa, 2005, S. 62). Die komplizierten und langwierigen Reisen zum Empfänger wurden mit der Einführung des Briefversands schlagartig vereinfacht. Ebenso durch das Telegramm, später durch das Fax und schließlich durch das Telefon. Bis zu diesem Zeitpunkt verlief die Kommunikation relativ einseitig in eine Richtung, es lag am Sender, dem Empfänger die Nachricht zuzustellen (siehe Meier, 2012).

Der Druck erhöhte sich durch die Einführung der „Mailbox", die dem Empfänger signalisiert, dass eine Nachricht in Abwesenheit hinterlassen wurde. Es lag von nun an am Empfänger, den erhaltenen „Kommunikationsball" an den Sender zurückzuspielen. Unweigerlich wurde man dem Druck ausgesetzt, auf eine Nachricht reagieren zu müssen. In der heutigen Zeit werden die Empfänger über Social Media völlig losgelöst von Raum und Zeit mit allerlei Nachrichten beladen. Auch durch die Tatsache, dass der Versender über die Zustellung einer Nachricht und sogar mit einer Lesebenachrichtigung informiert wird (siehe Rosa, 2005).

Ob willentlich oder nicht, als Empfänger wird man mehr und mehr in die Lage versetzt, auf eingehende WhatsApp-Nachrichten, E-Mails oder Facebook-Benachrichtigungen umgehend zu reagieren und den Kommunikationsball wieder zurückzuspielen. Zumindest wird die eingehende Information registriert. Durch die von der Gesellschaft erzeugte Eigendynamik, man spricht hier auch von sozialer Beschleunigung (vgl. ebd., S. 24), entsteht plötzlich ein derartiges Selbstverständnis über die Art und Weise der digitalen Kommunikation, das fundamentale Veränderungen, wie eine Lesebestätigung innerhalb von Instant-Messaging-Apps und damit einhergehend die Tatsache, dass es sich offenbar gehört, innerhalb weniger Zeit auf eine eingehende Nachricht reagieren zu müssen (vgl. Bächler & Thimm, 2014, S. 10), ohne große Gegenwehr angenommen werden.

Doch woher kommt dieser gesellschaftliche Druck? Liegt der Antrieb für den ständigen Drang nach Information aus der digitalen Welt vielleicht doch woanders? Wieso lassen sich Menschen von digitalen Nachrichten treiben und vor allem, warum tendiert die junge Generation so sehr dazu, sich abhängig von sozialen Medien zu machen? Aktuelle Umfragetrends, auf die im weiteren Verlauf näher eingegangen wird, lassen genügend Spielraum für Interpretationen und Forschungsimpulse.

Schließlich, so scheint es, benötigen die Menschen heute und insbesondere die zukünftigen Generationen einen umfangreichen Werkzeugkasten mit Möglichkeiten zum Ausgleich digitaler Aktivitäten und Anregungen für einen regelmäßigen Perspektivenwechsel. Sie brauchen mehr Muße und schließlich Übungen für den Aufmerksamkeitsmuskel, möglicherweise durch digitales Fasten beziehungsweise Digital Detox. Sie brauchen mehr Achtsamkeit.

Ziel dieser Arbeit ist es, das Problem der überhöhten Smartphone-Nutzung auf der Grundlage von Erkenntnissen in Bezug auf die Gesellschaft und insbesondere bei jüngeren Menschen, in einen größeren Kontext der kurzfristigen und langfristigen Folgen für die Nutzer einzuordnen. Dabei geht es sowohl um persönliche Veränderungen, unter anderem in der Entwicklung von Kindern und Jugendlichen, aber auch um gesamtgesellschaftliche Folgen durch ein sich wandelndes Selbstverständnis von Kommunikation und Internet-Nutzung.

Digitaler Stress als Sonderform des Stressphänomens

Bevor über die Auswirkungen der Nutzung von Smartphones auf den Menschen gesprochen werden kann, muss zunächst die Ursache von Stress und die Wirkung bei der Nutzung digitaler Endgeräte in Verbindung gebracht werden. Dazu bietet es sich an, einen Blick auf die wissenschaftliche Definition von Stress zu werfen.

Mit Stress ist eine Reaktion des Körpers auf einen lebensbedrohlichen Notfall gemeint. Dies kann beispielsweise eine Verletzung oder eine akute Gefahrensituation sein, wie in der Frühzeit des Menschen etwa die Flucht vor einem Bären, das Entkommen aus einem brennenden Gebäude oder das Wiederfinden der Gruppe. Der Körper reagiert in einer solchen Situation mit dem Ziel, dem Gehirn Höchstleistung bereitzustellen, um den Notfall zu überstehen. Dafür werden biochemische Vorgänge in Gang gesetzt, welche körpereigene Prozesse an der einen Stelle, zu Gunsten wichtiger Prozesse an anderer Stelle, reduzieren (vgl. Spitzer, 2015, S. 144 f.).

Stress ist im Alltag nichts Ungewöhnliches, kann jedoch zu einem Problem werden, wenn dieser regelmäßig stattfindet. Bei chronischem Stress hat die regelmäßig stattfindende Notfallreaktion des Körpers erhebliche gesundheitliche Folgen für den Betroffenen. Sie kann unter anderem zu Bluthochdruck oder einer Schädigung der Nervenzellen führen (vgl. ebd., S. 146).

In der Vergangenheit hat sich die Wissenschaft experimentell mit der Herkunft von Stress auseinandergesetzt und dabei herausgefunden, dass die beschriebene Stressreaktion in Gang gesetzt wird, wenn es zu einem Kontrollverlust kommt. In einem Versuchsaufbau wurden zwei Ratten Stromstößen ausgesetzt, mit der Besonderheit, dass beide Tiere nichts von der Existenz des anderen wussten und nur eine der beiden Ratten Einfluss auf den Stromstoß nehmen konnte. Leuchtete die Lampe und die Ratte betätigte nicht schnell genug den Knopf, wurden beide Ratten einem Stromstoß ausgesetzt. Während die eine Ratte Einfluss über den Knopf nehmen konnte, musste die andere Ratte die Stromschläge hinnehmen (siehe Weiss, 1971).

Manfred Spitzer, Neurowissenschaftler an der Universitätsklinik Ulm, leitete aus diesem Experiment ab, dass „[…] nicht die unangenehmen Erfahrungen an sich [..] Stress [bewirken], sondern das Gefühl, ihnen machtlos ausgeliefert zu sein." (Spitzer, 2015, S. 149) und schlussfolgert daraus:

> „*Wenn wir wissen, dass wir keine Einwirkungsmöglichkeit haben, löst das bei uns […] chronischen Stress aus.*

Gestresst sind wir immer dann, wenn uns die Kontrolle ab-
handenkommt. Daraus folgt unmittelbar auch: Erlebte
Selbstwirksamkeit ist das beste Rezept gegen Stress."
(ebd., S. 149)

Damit beschreibt Spitzer gleich zwei Dinge, nämlich zum einen die Auswirkung digitaler Informationen auf Körper und Geist und zum anderen die Antwort darauf, wie es sich am besten damit umgehen lässt.

Dass sich Stress längst nicht mehr nur aus den zu Beginn des Kapitels genannten Situationen ergibt, hat sich im Laufe der Entwicklungsgeschichte gezeigt. Durch das Internet und maßgeblich durch die Verwendung des Smartphones gelangt der Körper häufiger als in früheren Zeiten in eine Stresssituation (siehe Lee et al., 2014). Die ständige Erreichbarkeit, Verfügbarkeit von Informationen und das Gefühl diesen Gegebenheiten machtlos ausgesetzt, beziehungsweise von diesen überfordert zu sein, erzeugen Stress (vgl. Spitzer, 2015, S. 149 ff.).

Eine regelmäßig von der Techniker Krankenkasse durchgeführte repräsentative Studie aus dem Jahr 2016 kam zu dem Ergebnis, dass sich die Menschen in Deutschland im Vergleich zu einer Befragung im Jahr 2013, insgesamt gestresster fühlen. Auf die Frage „Wie oft fühlen Sie sich gestresst?" antworteten 23 Prozent (2013: 20 Prozent) mit „häufig" und 38 Prozent (2013: 37 Prozent) mit „oft" (vgl.

Techniker Krankenkasse, 2016, S. 6). Weiter gaben 75 Prozent der Befragten im Alter von 18 bis 29 Jahren an, ihr Leben sei in den vergangenen drei Jahren stressiger geworden (vgl. ebd., S. 10). Auf der Suche nach Stressursachen liefert die Studie neben „die Arbeit" mit 46 Prozent an fünfter Stelle die „ständige Erreichbarkeit" mit 28 Prozent, als Antwort (vgl. ebd., S. 13).

Entwicklungen in der Digitalisierung der Welt

Als Steve Jobs am 9. Januar 2007 das Apple iPhone vorstellte[1], verfolgten nur wenige „Nerds" und „Insider" die Präsentation des Apple-Gründers in Kalifornien. Niemand hätte gedacht, dass jenes Gerät, welches an diesem Tag der Weltöffentlichkeit vorgestellt wird, in einem solchen Maße die Art und Weise, wie Menschen miteinander kommunizieren, verändern würde.

Heute, elf Jahre später, ist Apple das erste Unternehmen der Welt, das einen Börsenwert von 1 Billion US-Dollar vorweisen kann. Allein zwischen dem 1. Januar und 31. Juni 2018 verkaufte das Unternehmen knapp 130 Millionen Smartphones[2]. Im weltweiten Vergleich führt Apple mit seinen vier zuletzt veröffentlichten Modellen (iPhone

---

[1] siehe Apple, *Apple erfindet mit dem iPhone das Mobiltelefon neu, Pressemitteilung vom 9. Januar 2007*, https://www.apple.com/de/newsroom/2007/01/09Apple-Reinvents-the-Phone-with-iPhone/ [abgerufen am 4. September 2018].

[2] siehe Apple, *Q2 2018 Unaudited Summary Data*, https://www.apple.com/newsroom/pdfs/Q2_FY18_Data_Summary.pdf [abgerufen am 4. September 2018].

X, iPhone 8, iPhone 8 Plus und iPhone 7) die Rangliste der am häufigsten verkauften Smartphones an[3].

Rückblickend lässt sich die Vorstellung des Apple iPhone als einen, wie es Christian Montag auf den Punkt bringt, „Wendepunkt der Geschichte" (Montag, 2018, S. 2) sehen. Das „klassische" World Wide Web, welches sich bis dato nur mit einem Computer oder Laptop benutzen ließ, wurde in wenigen Jahren durch das Smartphone der breiten Masse zugänglich gemacht und gelangte so buchstäblich in die Hosentasche der Nutzer. Durch die mittlerweile geringen Anschaffungskosten eines Smartphones profitieren heute Milliarden Menschen auf der ganzen Welt von der neuen Flexibilität und schier unendlichen Vernetzung.

Der Siegeszug des Smartphones

Dass das Smartphone, zuweilen als das „Schweizer-Taschenmesser" des 21. Jahrhunderts bezeichnet, eine wesentliche Rolle im Leben des Menschen spielt, zeigen zahlreiche Befragungen. Die Techniker Krankenkasse hat 2016

---

[3] siehe Sui, Linda, *Strategy Analytics: Apple iPhone X Becomes World's Best-Selling Smartphone Model in Q1 2018*, https://www.strategyanalytics.com/strategy-analytics/news/strategy-analytics-press-releases/strategy-analytics-press-release/2018/05/03/strategy-analytics-apple-iphone-x-becomes-world's-best-selling-smartphone-model-in-q1-2018?slid=610490&spg=1 [abgerufen am 4. September 2018].

in ihrer Umfrage herausgefunden, dass 27 Prozent der Befragten jederzeit über ihr Smartphone erreichbar sein wollen (vgl. Techniker Krankenkasse, 2016, S. 34). Aus einer aktuellen Erhebung des Unternehmernetzwerkes Ernst & Young geht zudem hervor, dass die Deutschen mit ihrem Smartphone vorwiegend kommunizieren (84 Prozent), sich informieren (56 Prozent) und im Internet einkaufen (33 Prozent) (vgl. Ernst & Young, 2017, S. 12).

Innerhalb kürzester Zeit ist aus dem noch bis vor einem Jahrzehnt völlig unbekannten Endgerät ein nicht mehr wegzudenkenden Medium geworden. Laut dem Branchenverband Bitkom nutzen 2018 in Deutschland 81 Prozent der Menschen (etwa 57 Millionen) ab 14 Jahren ein Smartphone[4]. Insbesondere bei Jugendlichen erfreut sich das Smartphone großer Beliebtheit. So nutzen laut einer aktuellen Umfrage 97 Prozent der befragten Kinder- und Jugendlichen im Alter zwischen 12 und 19 Jahren täglich das Smartphone und etwa die gleiche Anzahl auch das Internet (vgl. Medienpädagogischer Forschungsverbund Südwest, 2017, S. 14).

Weltweit sind 2018 mindestens 66 Prozent der Menschen im Besitzt eines Smartphones, wobei die mobile Nutzung

---

[4] siehe Bitkom, *30-Milliarden-Markt rund um das Smartphone, Pressemitteilung vom 22. Februar 2018*, https://www.bitkom.org/Presse/Presseinformation/30-Milliarden-Markt-rund-um-das-Smartphone.html [abgerufen am 4. September 2018].

73 Prozent des gesamten Internet-Traffic ausmacht[5]. Die Kommunikation des 21. Jahrhunderts in Form der Internetnutzung findet also weitestgehend mobil und somit zeitlich und örtlich flexibel im Alltag der Nutzer statt. Die Tatsache, dass heutzutage niemand mehr einen Computer einschalten und sich an einen Tisch setzen muss, um „online" zu gehen, hat einen grundlegenden Einfluss auf das Leben der Menschen und ist eine wesentliche Errungenschaft des „Homo Digitalis" (vgl. Markowetz, 2015, S. 14 f.).

Die Digitalisierung der Gesellschaft

Die Statistiken zum Besitz von Smartphones sprechen eine klare Sprache und unterstreichen die Relevanz für die Bevölkerung. Das mobile Gerät genießt eine nahezu flächendeckende Verteilung in der Gesellschaft und mit ihm ist die Rolle des Internets auf ein Rekordhoch gestiegen. Rückblickend lässt sich sagen, dass die Präsentation des iPhones ein Meilenstein in einer Reihe von Veränderungen gewesen ist. Das Smartphone war ein weiterer wichtiger Schritt in das Zeitalter der Digitalisierung.

---

[5] siehe Zenith, *Smartphone penetration to reach 66% in 2018, Pressemitteilung vom 16. Oktober 2017*, https://www.zenithmedia.com/smartphone-penetration-reach-66-2018/ [abgerufen am 4. September 2018].

Heute ist nicht mehr nur die Rede vom Smartphone, sondern auch vom sogenannten „Smart Home" oder der „Smart Watch", dem vernetzten Zuhause beziehungsweise der vernetzten Uhr. Die Digitalisierung hat mittlerweile Einzug in jeden Bereich des Lebens gefunden und dort, wo sie noch nicht spürbar ist, kann zumindest davon ausgegangen werden, dass Tüftler und Querdenker bereits an einer digitalen Lösung arbeiten. Der Alltag soll vernetzt werden, vom Kühlschrank bis zur Heizungsanlage. Alles wird jederzeit und von jedem Ort der Welt über das Smartphone in der Hosentasche steuerbar.

Während man sich vor dem Abschluss eines Mobilfunkvertrags noch vor wenigen Jahren zunächst über den Preis pro Minute oder pro SMS erkundigt hat, sind zumeist diese beiden Aspekte aufgrund von Flatrates weitestgehend obsolet geworden. Wettbewerber wie die Deutsche Telekom, Vodafone oder O2 ringen mit attraktiven Datenvolumen um die Gunst der Kunden. Verträge mit Datenvolumen im Megabyte-Bereich sind weitestgehend verschwunden und denen mit 2-, 5-, 10- oder gar 20-Gigabyte gewichen. Das ist auch notwendig geworden, haben doch (datenintensive) soziale Netzwerke (wie z. B. Instagram und Facebook) in den vergangenen Jahren mehr und mehr Aufmerksamkeit gewonnen. Einer aktuellen Umfrage des Instituts für Demoskopie Allensbach zufolge spielen soziale Netzwerke im Privatleben der 16 bis 30-Jährigen eine nicht unwesentlich wichtige Rolle. So messen 22 Prozent der Befragten Facebook und anderen Netzwerken eine „sehr große Rolle" und 34 Prozent eine „große Rolle" zu[6].

Neben den Betreibern sozialer Netzwerke und Mobilfunkanbietern ringen noch weitere Branchen um die Aufmerksamkeit oder das Geld der Nutzer. Der Automobil-Hersteller Citroën etwa lockt junge Kunden mit einer Funktion, die über eine am Innenspiegel angebrachte Kamera automatisch Fotos über soziale Medien teilen kann[7]. Andere Autohersteller implementieren in die neue Generation ihrer Fahrzeuge direkt eine Schnittstelle zu Apple[8] oder Android[9], so dass sich das Smartphone während der Fahrt über den Bordcomputer bedienen lässt.

Wie stark der Einfluss von Smartphones im Alltag ist, zeigen mittlerweile auch Kuriositäten wie die Tatsache, dass

---

[6] siehe Frankfurter Allgemeine Woche (2018, 27. Juli), *Es geht auch ohne Facebook und Co.*, S. 5, https://static.onleihe.de/content/faz/20180727/F180727W/vF180727W.pdf [abgerufen am 4. September 2018].

[7] siehe Citroën, *Connectedcam Citroën®*, https://www.citroen.de/technologien/connectedcam-citroen-r.html [abgerufen am 4. September 2018].

[8] siehe Apple, *Apple führt CarPlay ein und ermöglicht Autofahrern einen intelligenteren, sichereren und mehr Spaß bringenden Weg iPhone im Auto zu nutzen.* Pressemitteilung vom 3. März 2014, https://www.apple.com/de/newsroom/2014/03/03Apple-Rolls-Out-CarPlay-Giving-Drivers-a-Smarter-Safer-More-Fun-Way-to-Use-iPhone-in-the-Car/ [abgerufen am 4. September 2018].

[9] siehe Google, *Android Auto*, https://www.android.com/intl/de_de/auto/ [abgerufen am 4. September 2018].

Städte wie Köln für exzessive Nutzer Smartphone-Ampeln in den Boden eingebaut haben [10]. Im chinesischen Chongqing eröffneten die Behörden als Präventivmaßnahme gleich einen Gehweg für Menschen, die unterwegs ihr Handy nutzen[11], während man in Honolulu ein Gesetz erlassen hat, welches die Nutzung elektronischer Geräte während der Überquerung von Straßen verbietet[12].

Doch nicht nur das Privatleben wurde in den letzten 10 Jahren massiv digitalisiert. Auch in den Arbeitsalltag vieler Menschen hat die Digitalisierung unübersehbar Einzug gefunden. Insbesondere die ständige Erreichbarkeit über verschiedene Kanäle stellt Arbeitnehmer vor neue Herausforderungen. Längst ist die Grenze zwischen Arbeit und Freizeit bedroht, da die ständige Erreichbarkeit für viele ein Abschalten von der Arbeit erschwert. Dadurch, dass Nutzer immer online sind, besteht auch immer eine Erreichbarkeit. Dadurch kann ihnen an sieben Tagen in der

---

[10] siehe Stadt Augsburg, *Bodenampeln: Mehr Sicherheit für Handynutzer?*, Pressemitteilung vom 19. April 2016, https://www.augsburg.de/aktuelles-aus-der-stadt/detail/neue-lichtsignale-im-boden/ [abgerufen am 4. September 2018].
[11] siehe Spiegel Online, *Chinesische Stadt eröffnet speziellen Gehweg für Handy-Nutzer*, http://www.spiegel.de/netzwelt/web/sms-beim-laufen-chinesische-stadt-eroeffnet-ersten-smartphone-gehweg-a-991667.html [abgerufen am 4. September 2018].
[12] siehe Spiegel Online, *Honolulu verbietet Smartphone-Nutzung bei Straßenüberquerung*, http://www.spiegel.de/panorama/gesellschaft/honolulu-verbietet-smartphone-nutzung-bei-strassenueberquerung-a-1174559.html [abgerufen am 4. September 2018].

Woche und 24 Stunden am Tag der Kommunikationsball zugespielt werden.

Veränderungen im Kommunikationsverhalten

Wie bereits erwähnt, hat sich die Kommunikation seit Einführung mobiler Endgeräte in vielerlei Hinsicht wesentlich verändert. Hatte man um die Jahrtausendwende zwar schon die Möglichkeit, seine Freunde und Bekannte über das Handy anzurufen oder ihnen eine SMS zu schreiben, so besteht heute die Möglichkeit per Videochat anzurufen oder per WhatsApp Fotos zu versenden.

Da das Smartphone heute für weitaus mehr als die klassische Kommunikation zwischen zwei Menschen eingesetzt wird, verändert sich auch die Art und Weise, wie auf eingehende Nachrichten reagiert wird. Im Alltag werden die Nutzer deshalb nicht mehr nur mit den Text- oder Sprachnachrichten ihrer Freunde konfrontiert, sondern auch mit zahlreichen Benachrichtigungen aus dem World Wide Web. So meldet sich das E-Mail-Konto, wenn es eine E-Mail erhalten hat, Facebook und Instagram, wenn es etwas Neues gibt oder die News-App bei mehr oder weniger wichtigen Zwischenfällen auf der Welt. Kurz gesagt, die digitale Welt, die niemals stillsteht, gelangt über das Smartphone rund um die Uhr zu seinem Nutzer.

Im Juli 2018 gab es weltweit 2,34 Milliarden Facebook-Nutzer. 376 Millionen davon stammen aus Europa. 1,47 Milliarden der weltweiten Nutzer sind auf der Plattform täglich unterwegs. Im November 2017 nutzten 500 Millionen Menschen weltweit täglich die Foto-App Instagram. Insgesamt meldete die Tochtergesellschaft von Facebook 800 Millionen registrierte Nutzer auf der Plattform. Der beliebte Messenger WhatsApp, ebenfalls eine Tochtergesellschaft des amerikanischen Unternehmens, wird laut aktuellen Meldungen täglich von 1,5 Milliarden Menschen verwendet, die über die App jeden Tag rund 60 Milliarden Nachrichten versenden[13]. Dieses sind Zahlen, die auf einer eindrucksvollen Art verdeutlichen, welche Relevanz inzwischen die Kommunikation über das Smartphone für die Gesellschaft hat.

Im Gegensatz zu den genannten Nutzungszahlen der drei führenden Social-Media-Apps vermelden hierzulande die Mobilfunkbetreiber rückläufige Zahlen im Bereich der klassischen Telefonie und SMS[14]. Die Bundesnetzagentur meldet nach dem Rekordjahr 2012 mit 59,8 Milliarden

---

[13] Roth, Philipp, *Nutzerzahlen: Facebook, Instagram, Messenger und WhatsApp, Highlights, Umsätze, uvm. (Stand April 2018)*, https://allface-book.de/toll/state-of-facebook [abgerufen am 4. September 2018].
[14] Bitkom, *25 Jahre SMS: 160-Zeichen-Dienst hat beste Zeiten hinter sich*, https://www.bitkom.org/Presse/Presseinformation/25-Jahre-SMS-160-Zeichen-Dienst-hat-beste-Zeiten-hinter-sich.html [abgerufen am 4. September 2018].

versendeten SMS für 2017 lediglich 10,4 Millionen versendete Kurznachrichten (vgl. Bundesnetzagentur, 2017, S. 60). Die vorgelegten Zahlen für die Festnetztelefonie sind mit 120 Milliarden Gesprächsminuten im Jahr 2017 im Vergleich zu 163 Milliarden Gesprächsminuten in 2013 ebenfalls rückläufig (vgl. ebd., S. 56). Lediglich die abgehenden Gesprächsminuten im Mobilfunk steigen tendenziell eher an, was nicht zuletzt auch auf die bereits erwähnten Flatrates zurückzuführen ist. Sie liegen im Jahr 2017 bei 115 Milliarden Gesprächsminuten (vgl. ebd., S. 60).

Die intensive Nutzung des Smartphones lässt sich allerdings nichts nur an den Nutzerzahlen von Facebook und anderen Plattformen ablesen. Es ist in diesem Zusammenhang auch relevant, einen Blick auf die Zunahme des Datenvolumen im Mobilfunk zu werfen. Waren es im Jahr 2011 noch 100 Millionen Gigabyte, wurden schon sechs Jahre später, im Jahr 2017, 1,388 Milliarden Gigabyte verbraucht (vgl. ebd., S. 59). Der Trend geht weiter nach oben. 2017 nutzten regelmäßig 65,5 Millionen Menschen in Deutschland das mobile Internet (vgl. ebd.). Ganz gleich welche Statistik man zu Grunde legt, die Ergebnisse sprechen eine deutliche Sprache: Das Smartphone ist aus dem Alltag der Menschen nicht mehr wegzudenken.

Welche Auswüchse dieser Kommunikationswandel auf die Gesellschaft hat, lässt sich bisher nur schwer abschätzen. Es gibt keine wissenschaftlichen Langzeitstudien, weil sich der digitale Wandel äußerst schnell und disruptiv vollzieht. Technologien, Apps und Plattformen entwickeln sich ständig weiter, und so ist der Einfluss dieser Akteure im Rahmen digitaler Mediennutzung für die Wissenschaft nur sehr schwer nachzuvollziehen. Dennoch gibt es einzelne Untersuchungen, die Hinweise auf die Auswirkungen des veränderten Nutzungsverhalten geben.

Problemstellungen im Umgang mit dem Smartphone

Im Rahmen einer Betrachtung der Smartphone-Durchdringung in der Gesellschaft wird deutlich, dass sich neben den offensichtlichen Vorteilen zunehmend negative Begleiterscheinungen einstellen. Die Nutzung des Smartphones in einem Umfang von durchschnittlich 2,5 Stunden täglich (vgl. Markowetz, 2015, S. 13) geht an den Nutzern nicht spurlos vorbei. Zu den langfristigen Auswirkungen der Smartphone-Nutzung auf Körper und Geist liegen zwar keine empirischen Befunde vor, da sich wie bereits erwähnt, wissenschaftlich fundierte Langzeitstudien kaum realisieren lassen (vgl. Markowetz, 2015, S. 80 f.). Es lassen sich allerdings Beobachtungen von kurzfristigen Auswirkungen machen, die einen Ausblick auf zu erwartende Langzeitfolgen geben können.

Bei einer aufmerksamen Beobachtung der Berichte in den Massenmedien aber auch bei einem Gang durch die örtliche Buchhandlung könnte man auf die Idee kommen, dass das Smartphone neben seiner Funktion als digitaler Alleskönner auch negative Auswirkungen auf das persönliche Wohlbefinden hat.

Die Frankfurter Allgemeine Zeitung veröffentlichte kürzlich einen Online-Artikel mit dem Titel „Das gehackte Gehirn", in dem der Autor umfangreich auf psychische Probleme, welche durch das Smartphone oder genauer gesagt, die gezielte Manipulation des Belohnungssystems des Nutzers etwa durch die Betreiber von sozialen Netzwerken eingeht[15]. „Zehn Gründe, warum du deine Social Media Accounts sofort löschen musst" lautet der Titel eines Buches der aktuellen Spiegel-Bestseller-Liste, welches auf die negativen Auswirkungen von sozialen Medien und Smartphones eingeht[16]. In einem Interview zwischen ZEIT Online und dem amerikanischen Computerwissenschaftler David Levy wird deutlich, dass sich auch im Silicon Valley eine Debatte über die Ethik, Verantwortung und die Zukunft der digitalen Entwicklung in Gang gesetzt hat[17].

Ein konkreteres Bild über die Folgen der Smartphone-Nutzung zeichnet der Präsident des Bundesverbands Deutscher Schwimmmeister, Peter Harzheim, in einem

---

[15] siehe Finsterbusch, *Stephan, Das gehackte Gehirn,* http://www.faz.net/aktuell/wirtschaft/diginomics/wenn-das-smartphone-zur-droge-wird-15625900.html [abgerufen am 4. September 2018].
[16] siehe Spiegel Online, *Spiegel-Bestseller Hardcover,* http://www.spiegel.de/kultur/literatur/spiegel-bestseller-hardcover-a-1025428.html [abgerufen am 4. September 2018].
[17] siehe Pletz, Dirk, *„Erstmals geben Tech-Leute zu: Wir haben ein echtes Problem",* https://www.zeit.de/digital/2018-07/smartphonenutzung-sucht-david-levy-computerwissenschaftler/komplettansicht [abgerufen am 4. September 2018].

Interview mit der Neuen Osnabrücker Zeitung: „Immer mehr Eltern schauen auf ihr Smartphone und nicht mehr nach links oder rechts – und schon gar nicht nach ihren Kindern."[18]. Auch der Verkehrsunfall mit Todesfolge aufgrund eines durch das Smartphone abgelenkten Autofahrers in einem selbstfahrenden Auto[19], geben ebenso Anlass zur Beunruhigung wie die aktuellen Unfallstatistiken in den Vereinigten Staaten, welchen die Ablenkung durch das Smartphone zugrunde liegen[20].

Berichte und Artikel über die Auswirkung der Smartphone-Nutzung wie diese lassen sich vielfach finden und decken sich weitgehend mit aktuellen Erkenntnissen aus der Wissenschaft und gegenwärtigen Befragungen. Die fortschreitende Digitalisierung und der hohe Stellenwert des Smartphones in der Gesellschaft gehen mit einer zunehmenden Fragmentierung des Alltags einher (vgl. Markowetz, S. 60). Im übertragenen Sinn kann über die Smartphone-Nutzung gesagt werden: „Ein Alarm, der dauernd

---

[18] siehe Koch, Jakob, *„Eltern sollten ihr Smartphone im Freibad auch mal zur Seite legen"*, https://www.noz.de/deutschland-welt/familie/artikel/1405163/eltern-sollten-ihr-smartphone-im-freibad-auch-mal-zur-seite-legen [abgerufen am 4. September 2018].
[19] siehe Griggs, Troy, Wakabayashi, Daisuke, *How a Self-Driving Uber Killed a Pedestrian in Arizona*, https://www.nytimes.com/interactive/2018/03/20/us/self-driving-uber-pedestrian-killed.html [abgerufen am 4. September 2018].
[20] siehe Dekra, *Drastische Zunahme der Zahl von Verkehrstoten in den USA*, https://www.dekra-roadsafety.com/de/drastische-zunahme-der-zahl-von-verkehrstoten-in-den-usa/ [abgerufen am 4. September 2018].

angeht, ist keine Information, sondern eine Ruhestörung."
(Schirrmacher, 2011, S. 32).

Effekte für die Smartphone-Nutzer

„Immer und ständig online." könnte das Motto der jungen Generation und ein wesentliches Merkmal der heutigen Gesellschaft sein. Die Tatsache, immer erreichbar zu sein, oder den Drang danach zu verspüren, immer erreichbar sein zu müssen, wirft neue Probleme auf. In einer erst kürzlich vom Branchenverband Bitkom durchgeführten Befragung stimmen 69 Prozent der Teilnehmer der Aussage „Die zunehmende Smartphone-Nutzung führt dazu, dass die Menschen immer weniger miteinander reden" zu (vgl. Bitkom, 2018, S. 5). Ein Blick im öffentlichen Personennahverkehr scheint diese Bedenken zu bestätigen, ähnlich wie auf deutschen Schulhöfen, wo heutzutage Smartphones das Pausenverhalten dominieren, sitzen etwa im Zug oder im Bus die Menschen überwiegend mit ihrem Smartphone in der Hand und befinden sich dabei häufig in einem „geistigen Dämmerzustand" (Markowetz, 2015, S. 135).

Für eine übermäßige Smartphone-Nutzung spielen ganz unterschiedliche Faktoren eine Rolle, etwa die Angst etwas zu verpassen (vgl. Spitzer, 2015, S. 177), in der Forschung als Fear of Missing Out (FoMo) bekannt, der Drang zur

Selbstoptimierung durch ständige Verfügbarkeit (vgl. Rosa, 2005, S. 366-368) oder die Wahrung des eigenen Ansehens in der Öffentlichkeit oder bei Jugendlichen in der Peergroup. Dadurch, dass das Smartphone ständiger Begleiter ist und unbegrenzte Möglichkeiten bietet, lassen sich viele Nutzer dazu verleiten es ständig in die Hand zu nehmen (vgl. Markowetz, 2015, S. 107 f.).

Der Mensch hat heute wesentlich mehr Möglichkeiten sich seine vermeintliche Langeweile zu vertreiben und nutzt dazu, wie bereits genannte Erhebungen zeigen, vorwiegend sein Smartphone. Fraglich ist allerdings, ob dieses Verhalten und die Tatsache, dass der durchschnittliche Nutzer sein Smartphone 88-mal pro Tag einschaltet, folgenlos bleiben (vgl. ebd., S. 12). Auch die ständige Unterbrechung von Gedankengängen oder Tätigkeiten und schließlich die Fragmentierung des Alltags, zum Beispiel durch eintreffende „Push-Benachrichtigungen" auf dem Smartphone, hebt die Wichtigkeit einer Forschung mit wissenschaftlichen Methoden für diesen Bereich des „neuen" menschlichen Verhaltens hervor.

Setzt man die Ergebnisse der von der Universität Bonn veröffentlichten Studie „Menthal"[21], das Smartphone-

---

[21] vgl. Universität Bonn, *Wie Handys zum „digitalen Burnout" führen*, https://www.uni-bonn.de/neues/195-2015 [abgerufen am 4. September 2018].

Nutzer bei einem üblichen Tag mit acht Stunden Schlaf durchschnittlich alle 18 Minuten ihre Tätigkeit unterbrechen, um mit dem Smartphone zu interagieren, in Verbindung mit Befragungen zum Bereich Wohlbefinden, wird die Problematik deutlich (vgl. ebd.). So fühlen sich 48,1 Prozent der Kinder im Alter zwischen 8 und 14 Jahren durch ihr Handy, z. B. bei den Hausaufgaben, abgelenkt (vgl. Hefner, Knop, Schmitt & Vorderer, 2015, S. 6). Von den Arbeitnehmern in Deutschland geben 23 Prozent an, sich durch die Digitalisierung mehr als noch vor wenigen Jahren belastet zu fühlen (vgl. Kliner, Rennert & Richter, 2017, S. 115). Erwähnenswert ist in diesem Zusammenhang, dass 21,9 Prozent der Befragten in der gleichen Studie angeben, mehrmals pro Woche oder täglich in der Freizeit berufliche Telefonate bzw. E-Mails zu beantworten (vgl. ebd., S. 111).

Neben der Erreichbarkeit, die für die eher passiven Empfänger von Benachrichtigungen zunehmend zur Belastung wird, nimmt der aktive Konsum und die bewusste Nutzung des Smartphones Einfluss auf das persönliche Wohlbefinden und sorgt nicht zuletzt durch Multitasking für Stressreaktionen im Körper (siehe Möller et al., 2015). Ständig wird eine Tätigkeit durch eine akustische oder visuelle Benachrichtigung unterbrochen und der Nutzer abgelenkt, wodurch er sich anschließend erneut in seine vorherige Aufgabe einfinden muss und somit oft unproduktiv werden kann. Da die Unterbrechung mehrmals in der Stunde stattfindet, entsteht, insbesondere während der Arbeit oder Schule, ein Teufelskreis der Unterbrechung, welcher wiederum Leistungs-, Zeit- und Erfüllungsdruck erzeugt (vgl. Markowetz, 2015, S. 68 f.).

Im Vergleich zu den Gesellschaften in früherer Zeit bieten sich in der digitalen Welt des 21. Jahrhunderts, etwa über soziale Netzwerke, unzählige Möglichkeiten der Information und des Vergleichs mit anderen Individuen. Der Mensch, in seiner Art von Natur aus ein sich vergleichendes Wesen (siehe Festinger, 1954), kann sich heute jederzeit z. B. über Instagram oder Facebook mit seiner Umwelt auseinandersetzen und muss sich nicht mehr nur auf sein direktes und reales Umfeld beschränken. Über soziale Medien kann auf ganz neue Art auf sich aufmerksam gemacht werden. Beiträge und Meinungen werden von anderen Nutzern mit „Likes" bestätigt, wodurch der Nutzer zunehmend in die Situation gerät, im Zentrum dieser Nachrichten und Statements reagieren zu müssen (vgl. Spitzer, 2015, S. 177 f.; Markowetz, 2015, S. 192 f.).

Die Unternehmen der Digitalwirtschaft spielen im Zuge der Ablenkung und damit einhergehenden Fragmentierung des Alltags eine zentrale Rolle. Soziale Netzwerke aber auch andere Apps fungieren längst als „Makler" der Aufmerksamkeit ihrer Nutzer und verkaufen diese an Werbetreibende (vgl. Markowetz, 2015, S. 208). Zudem nutzen sie bewusst das Belohnungssystem mit Hilfe sogenannter „Random Rewards" (vgl. ebd., S. 35 ff.) aus, um möglichst häufig genutzt zu werden und um den Nutzer von seiner eigentlichen und anderen Tätigkeiten abzulenken (vgl. ebd., S. 40-43).

Weil nicht mehr nur ausschließlich der Nutzer über sein eigenes Verhalten bestimmt, sondern zunehmend externe Faktoren sein Nutzungsverhalten kontrollieren und in diesem Sinne sogar steuern, bietet es sich an, empirische Befunde über die Nutzung und deren Folgen genauer zu überprüfen. Im Folgenden soll vertiefend auf die konkreten psychischen und körperlichen Probleme eingegangen werden, die aus einer übermäßigen Nutzung von Smartphones resultieren.

Mögliche Konsequenzen und Gefahren der Smartphone-Nutzung

Innerhalb des letzten Jahrzehnts haben sich die Gewohnheiten der Menschen aufgrund des Smartphones und der zunehmenden Digitalisierung in verschiedenen Bereichen verändert. Die Nutzer greifen, immer häufiger zu ihrem Gerät und verbringen einen Großteil ihrer Freizeit vorwiegend damit, Nachrichten zu beantworten, im Internet zu surfen oder sich in sozialen Netzwerken zu bewegen (siehe Andone et al., 2016). Dabei stehen junge Menschen, deren

Körper sich noch in der Entwicklung befindet, ebenso wie erwachsene Menschen im Fokus gegenwärtiger empirischer Untersuchungen. Es geht, wenn über mögliche Konsequenzen und Gefahren der Smartphone-Nutzung gesprochen wird, um einen anhaltenden, oft unbewussten Erschöpfungszustand im Zusammenhang mit Stress. Dieser Zustand ist die Folge langanhaltender oder in einer hohen Frequenz erlebter Überforderungssituationen, die aus dem Gefühl resultieren, der Informationsflut aus der digitalen Welt, welche über das Smartphone konsumiert wird, nicht mehr Herr werden zu können (vgl. Spitzer, 2015, S. 149).

In diesem Zusammenhang wird häufig auch von einer zwanghaften Smartphone-Nutzung gesprochen, bei der der Nutzer unterbewusst zu seinem Gerät greift. Dieses suchtähnliche Verhalten hängt nach wissenschaftlichen Erkenntnissen damit zusammen, dass durch die Vibration oder das Geräusch des Smartphones im Zusammenhang mit einer Push-Benachrichtigung, z. B. wegen einer eintreffenden WhatsApp-Nachricht, eine Reaktion im Körper ausgelöst wird, die im Ergebnis für eine Ausschüttung von Dopamin sorgt. Der Benutzer ist praktisch süchtig nach seinem Smartphone, und das nicht zuletzt, weil es sich in manchen Fällen um eine für ihn wichtige Information handelt, die zu einer Push-Benachrichtigung geführt hat (vgl. Markowetz, 2015, S. 36-39).

Die von dem Smartphone durch eintreffende Nachrichten auf den Nutzer ausgestrahlte Sogwirkung wird einerseits durch das Gefühl verstärkt, auf die Information reagieren zu müssen, um die eigene Gruppenzugehörigkeit zu erhalten (vgl. Merton, 1985, S. 270 ff.) und andererseits, weil der Nutzer von den Smartphone-Herstellern mit fortwährender Nutzung auf das Signal konditioniert wird (siehe Pavlov, 1906). Am Beispiel von Facebook kann man beide Komponenten beobachten. Der Mensch in diesem sozialen Netzwerk sucht nach sozialer Anerkennung, etwa in Form von Likes oder Kommentaren. Durch das ihm bekannte Geräusch einer Push-Benachrichtigung greift er unterbewusst zu seinem Smartphone, um reflexartig zu reagieren. In den meisten Fällen verbirgt sich hinter der Benachrichtigung von Facebook eine unbedeutende Information, es kann jedoch auch vorkommen, dass es sich um eine wichtige Nachricht handelt. Da er selbst den Inhalt der Push-Benachrichtigung nicht kategorisieren oder zuordnen kann, greift er immer wieder nach seinem Smartphone und reagiert auf das Signal, denn es könnte sich eine wichtige Information dahinter verbergen (siehe Skinner, 1951).

Zur Veranschaulichung dieser komplexen Wechselwirkung zwischen Smartphone und Körper dient folgendes Zitat eines ehemaligen Mitarbeiters der Firma Google Ventures aus dem Jahre 2014:

„My iPhone made me twitchy. I could feel it in my pocket, calling me […]. It distracted me from my kids. It distracted me from my wife. It distracted me anytime, anywhere. I just didn't have the willpower to ignore email and Twitter and Instagram and the whole world wide web. Infinity in my pocket was too much." (Knapp, 2014)[22]

Die Angst, etwas zu verpassen

Der Zwang, auf das Smartphone schauen zu müssen, kann durch soziale Netzwerke dadurch verstärkt werden, dass der Nutzer Angst hat, etwas zu verpassen. Dieses, in der Wissenschaft als Fear of Missing Out bekannte Phänomen lässt sich in Verbindung mit soziologischen Theorien über eine Gruppenzugehörigkeit setzen. Dadurch, dass soziale Netzwerke in Echtzeit Informationen aus aller Welt zur Verfügung stellen, die durch ihre Nutzer bereitgestellt werden, sind tendenziell eher jüngere Menschen männlichen Geschlechts und jene von Unzufriedenheit und Selbstzweifeln geplagte anfälliger als ältere, zufriedenere und selbstsichere Menschen. Dies könnte bei jüngeren Männern mit dem Sexualtrieb und der Tatsache, keinen

---

[22] Knapp, Jake, *My year with a distraction-free iPhone (and how to start your own experiment)*, https://medium.com/time-dorks/my-year-with-a-distraction-free-iphone-and-how-to-start-your-own-experiment-6ff74a0e7a50 [abgerufen am 4. September 2018].

potenziellen Partner verpassen zu wollen, zusammenhängen (vgl. Spitzer, 2015, S.177 f.). Darüber hinaus besteht laut einer jüngeren Studie ein Zusammenhang zwischen der Angst, etwas zu verpassen, und dem Involvement mit dem sozialen Netzwerk, sowie dem abgelenkt sein während dem Autofahren oder während einer Vorlesung (vgl. Przybylski et al., 2013, S. 1846 f.).

Bei dem ständigen auf das Smartphone schauen sorgt die regelmäßige Unterbrechung der eigentlichen Tätigkeit im Moment zwar für eine Ausschüttung von Glückshormonen, der Körper kehrt kurze Zeit später allerdings wieder in den vorherigen Zustand zurück und der Nutzer muss sich meist neu in seine Aufgabe einfinden, beziehungsweise darüber nachdenken, welcher Handlung er vor dem Eintreffen der Push-Nachricht nachgegangen ist. Dadurch verliert er Zeit, beginnt seinen Workflow entsprechend umzustellen, um das Arbeitspensum dennoch schaffen zu können und gerät in eine Stresssituation (vgl. Gudith, Klocke & Mark, 2008, S. 110).

Multitasking

Lange Zeit galt diese Art der Smartphone- bzw. Handy-Nutzung als unproblematisch, da die Folgen des Multitaskings in dieser Form empirisch nicht hinreichend erforscht wurden. Mittlerweile und aufgrund der Tatsache, dass die

Digitalisierung mehr und mehr Einzug in den Alltag der Menschen gefunden hat, sind jedoch diverse Untersuchungen zu diesem Thema angestellt worden, die belegen, dass sich die Ausführung paralleler Aktivitäten negativ auf den Körper auswirken können (vgl. Spitzer, 2015, S. 61 f.). So wurde beispielsweise in einer Studie herausgefunden, dass Menschen, je häufiger sie Medien-Multitasking betreiben, vergleichsweise schlechter Relevantes von Irrelevantem unterscheiden können, schneller abgelenkt werden und sich schlechter auf eine Sache konzentrieren können (vgl. Nass, Ophir & Wagner, 2009, S. 15585).

In der Literatur wird das durch den Menschen vermeintlich praktizierte Multitasking häufig mit dem eines Computers verglichen, der mehrere Aufgaben in seinen Arbeitsspeicher laden und über seine Infrastruktur auch tatsächlich parallel ausführen kann. Der Mensch hingegen ist in seinen Fähigkeiten allein schon aufgrund seines biologischen Aufbaus limitiert und kann sich diese Arbeitsweise nicht zu eigen machen. Kritisch betrachtet ist nach Frank Schirrmacher „Multitasking der zum Scheitern verurteilte Versuch des Menschen, selbst zum Computer zu werden." (Schirrmacher, 2011, S. 73) und wie die oben genannte Studie zeigen konnte, ein negativer Einflussfaktor auf die Produktivität.

Den Forschungen zur Nutzung von Smartphones zufolge lassen sich insbesondere junge Menschen im Alter zwischen 17 und 25 Jahren besonders häufig ablenken. In der erläuterten Studie der Universität Bonn stellte sich heraus, dass diese Gruppe im Mittel täglich 100-mal zu ihrem Smartphone greift und es davon 60-mal intensiv, kumuliert insgesamt drei Stunden, verwendet. Im Vergleich dazu nutzen die 60.000 im Rahmen dieser Studie analysierten Personen im Mittel ihr Smartphone täglich 88-mal, um es einzuschalten und davon 53-mal, um damit zu interagieren und etwa Apps zu benutzen. Der Durchschnittsnutzer, so die Wissenschaftler, verbringt 2,5 Stunden am Tag mit seinem Handy. Davon entfällt der größte Teil der Nutzungsdauer auf Messenger-Apps und soziale Netzwerke. Die Autoren der Studie attestierten den Teilnehmern ihrer Studie, dass sie durchschnittlich alle 18 Minuten ihre gegenwärtige Tätigkeit unterbrechen. Bei den 18 bis 25 Jahre alten Probanden rechnerisch sogar alle 14 Minuten (vgl. Markowetz, 2015, S.12 f.).

In Bezug auf die Tatsache, dass Smartphone-Nutzer einer regelmäßigen Unterbrechung ausgesetzt sind, bietet sich eine nähere Betrachtung der Flow-Theorie von Mihály Csíkszentmihályi an. In dieser Theorie erklärt der Psychologe den optimalen Zustand des menschlichen Schaffens, welcher sich im Kern durch das „[…] Verschmelzen von

Handlung und Bewußtsein [sic!]." auszeichnet (Csíkszent-mihályi, 1985, S. 61). Dabei ist der Mensch sich dieses Zustandes selbst nicht bewusst, sondern lediglich seiner Tätigkeit. In einen Flow gerät man, wenn man eine Tätigkeit konzentriert, willig und engagiert ausübt. Das Vergessen der Zeit oder ein anderes, kurzweiligeres Zeitgefühl und Selbstvergessenheit sind häufige Begleiterscheinungen eines Flow-Erlebnisses. Solche Handlungen lösen ein Gefühl von Harmonie und somit Wohlbefinden aus und schaffen Motivation und Begeisterung für weiteres Handeln (vgl. ebd., S. 58 f.). Um ein solches Flow-Erlebnis hervorrufen zu können, müssen jedoch bestimmte Bedingungen herrschen. Eine Aufgabe, die im Flow gelöst werden soll, darf weder unter- noch überfordernd sein, so dass weder Desinteresse noch Zwänge der Vermeidung entstehen, vielmehr sollte sie eine zu bewältigende Herausforderung darstellen (vgl. ebd.).

Nach Markowetz werden Smartphone-Nutzer, im Durchschnitt alle 18 Minuten von ihrer Tätigkeit abgelenkt und somit in einem eventuellen Flow-Zustand gestört (vgl. Markowetz, 2015, S. 64). Dabei dauert es 15 Minuten, um den von Csíkszentmihályi erforschten Flow-Zustand zu erreichen, jedoch nur wenn die Person in dieser Zeitspanne nicht, etwa durch das Smartphone, unterbrochen oder gestört wird (vgl. DeMarco & Lister, 2014 S. 64). Zyklische Störungen können, wie sich aus den genannten empirischen Befunden ableiten lässt, langfristig zu Produktivitätseinbußen und Stress führen.

Nomophobie

Die Omnipräsenz des Smartphones, besonders bei jüngeren Personen, lässt sich Manfred Spitzer zufolge mit der sogenannten Nomophobie, zusammengesetzt aus no mobile phone und phobie, welche nichts anderes als „[…] die Angst von seinem Smartphone getrennt zu sein bzw. es nicht verwenden zu können [..]" (Spitzer, 2015, S. 173), erklären. Diese steht in gewisser Weise ergänzend zu den bisher genannten Erklärungsansätzen als erklärende Variable für die übermäßige Smartphone-Nutzung. Darüber hinaus wurde in diversen Experimenten nachgewiesen, dass allein die Tatsache, dass sich das Smartphone in Sichtweite des Nutzers befindet, zu Ablenkung und abnehmender Leistung führen kann (vgl. Ward et al., 2017, S. 149 f.).

Prokrastination

Bisher wurden verschiedene Ursachen für die regelmäßige und übermäßige Smartphone-Nutzung anhand verschiedener empirischer Untersuchungen erläutert. In der Konsequenz führt dieses Verhalten zu einem fragmentierten Alltag bei den Nutzern von Smartphones. Nicht nur, dass

Unternehmen unter anderem durch die Manipulation des Belohnungssystems um die Aufmerksamkeit der Nutzer über das Smartphone konkurrieren und das die Echtzeit-Kommunikation über Messenger-Apps für eine längere Nutzungsdauer sorgt, sondern auch der unterbewusste Griff zum Smartphone werden in der Empirie kritisch beobachtet. Alexander Markowetz, beteiligt an der „Menthal"-Studie an der Universität Bonn, spricht davon, dass Pausen von den Menschen abgeschafft wurden und einem reflexartigen Griff zum Smartphone gewichen sind (vgl. Markowetz, 2015, S. 100; Montag, 2016, S. 16).

Neben der Tatsache, dass ein Großteil der Nutzer unter dem fragmentierten Alltag leidet, wird das Smartphone als vermeintlicher Lückenfüller jedweder Zeit, die es zu überbrücken gilt oder sogar als Ablenkung zur eigentlichen Tätigkeit verwendet. Der Mensch muss in seinem Alltag ständig zwischen Handlungen entscheiden, sowie Aufgaben priorisieren und tut dies, indem er diese am Grad ihrer Nützlichkeit bewertet. So kommt es zu dem Phänomen, dass wichtige Aufgaben bis zuletzt aufgeschoben und schließlich unter großem Zeitdruck und Stress abgearbeitet werden müssen (vgl. Markowetz, 2015, S. 46).

Dieses unter dem Begriff Prokrastination bekannte Phänomen lässt sich mit Hilfe einer von Piers Steel entwickelten Gleichung erklären. Der Psychologieprofessor geht davon aus, dass sich die Nützlichkeit aus dem Produkt von

Erwartung (E) und Wert (W) dividiert durch das Produkt von Geduld (G) und Dauer (D) zusammensetzt (vgl. Steel, 2007, S. 71 f.). Anhand des nachfolgenden Beispiels wird diese Prokrastinationsgleichung erläutert.

Ein Schüler muss sich in vier Wochen auf eine Klausur vorbereiten. Er ist ein guter Schüler und entsprechend davon überzeugt, es zu schaffen. Die Erwartungshaltung ist mit E = 10 entsprechend hoch und da er einen guten Notendurchschnitt anstrebt liegt auch der Wert der Aufgabe mit W = 10 im oberen Bereich. Darüber hinaus ist der Klausurtermin mit vier Wochen noch weit entfernt, doch es ist einiges an Unterrichtsstoff aufzuarbeiten und auswendig zu lernen (D = 10). Der Schüler ist eher ungeduldig, also liegt dieser Wert bei G = 5. Die Nützlichkeit liegt rechnerisch bei 2 und die Wahrscheinlichkeit, sofort mit der Aufgabe anzufangen, ist ansprechend gering, nicht zuletzt, weil ein konkretes Ergebnis für die Aufgabe, nämlich das Klausurergebnis, in weiter Ferne liegt (vgl. Markowetz, 2015, S. 47).

Dem Lernen für die Klausur in vier Wochen steht eine Push-Benachrichtigung von Instagram gegenüber, hinter der sich das neue Foto eines Freundes verbirgt. Die Erwartungshaltung ist sehr gering (E = 5) und besonders nützlich ist das Anschauen des Fotos auch nicht (N = 0,01). Der Schüler ist nach wie vor nicht sehr geduldig (G = 5), allerdings bekommt er in einem Bruchteil von

Sekunden nach einem Klick auf die Benachrichtigung das Foto des Freundes als Ergebnis präsentiert (D = 0,001). Die Nützlichkeit liegt insgesamt bei 10. Der Klick lenkt in diesem Moment von der Arbeit ab und erzeugt im besten Fall ein Schmunzeln, da er fünfmal so nützlich wie das Lernen für die Klausur erscheint (vgl. ebd.).

Die Situation verändert sich nur, wenn der Klausurtermin näher rückt und sich die Dauer bis zu einem konkreten Ergebnis verringert. Verändert man also die Prokrastinationsgleichung für die Klausur mit D = 2 ergibt sich für die Nützlichkeit der Wert 10. Dieser ist somit identisch mit dem der Instagram-Benachrichtigung und es ist wahrscheinlich, dass der Schüler mit dem Lernen beginnt (vgl. ebd.).

Unter Umständen kann es bei diesem Abwägen zwischen Lernen und Ablenkung dazu kommen, dass bis kurz vor dem Klausurtermin ständig das Smartphone verwendet wird, da sein Nützlichkeitswert, über dem der Aufgabe liegt. Zusätzlich gefährden sogenannte „Infinity Apps", damit sind Apps gemeint, die praktisch unendlich viele Inhalte liefern (z. B. Instagram, YouTube oder Facebook), das Sättigungsgefühl des Nutzers (vgl. ebd., S. 51). Die Tatsache, dass sich das Handy häufig in Sichtweite befindet, stört die Konzentration und kann zu einer verringerten Produktivität führen (vgl. Montag, 2016, S. 38; vgl. Altmann et al., 2014, S. 225).

Aus Erhebungen über die Penetration von Smartphones in Deutschland geht hervor, dass insbesondere bei jüngeren Menschen eine nahezu flächendeckende Durchdringung vorliegt. Diese Verteilung nimmt mit zunehmenden Alter der Befragten ab, so dass sich feststellen lässt, dass das Smartphone übermäßig intensiv von dem sich noch in der Entwicklung befindlichen Teil der Bevölkerung genutzt wird (vgl. AGOF, 2017, S. 4 f.).

Dabei ergeben sich je nach gesellschaftlicher Gruppe dieser Smartphone-Nutzer unterschiedliche Probleme. Kinder, Jugendliche und junge Erwachsene werden eher mit Konzentrationsschwierigkeiten und Ablenkung konfrontiert, die auf die Smartphone-Nutzung zurückgehen (vgl. Spitzer, 2015, S. 259 f.), während der arbeitende Teil der Bevölkerung vielmehr unter Stress als Auswirkung der Smartphone-Nutzung leidet (vgl. Markowetz, 2015, S. 148 f., S. 155, S. 158). Letzteres ist auch dadurch begründet, dass die Grenze zwischen Arbeitszeit und Freizeit immer weiter aufgelöst wird, weil Arbeitnehmer durch das Smartphone für ihren Arbeitgeber theoretisch jederzeit erreichbar sind.

Zusammenfassend ist deutlich geworden, dass eine übermäßige Nutzung des Smartphones altersunabhängige

Konsequenzen zur Folge hat. Das Smartphone ist ein zusätzlicher Faktor für Unterbrechungen des Flow-Zustandes. Es trägt zur weiteren Fragmentierung des Alltags durch Unterstützung von Multitasking und Ablenkung bei. Das Smartphone als eine Art „digitaler Störenfried" sorgt für zunehmend mehr Unterbrechungen im Alltag und Stress bei den Nutzern, was somit langfristig zu körperlichen und psychischen Problemen führen kann (vgl. ebd., S. 19-25); Spitzer, 2015, S. 308 ff.).

Forschungsstand zum Umgang mit dem Smartphone

Da es sich bei Smartphones noch um ein verhältnismäßig junges Medium handelt, sind Forschungen auf diesem Gebiet nicht weit fortgeschritten. Ebenso sind Untersuchungen zu den Auswirkungen, wie bereits erörtert, bisher nur vereinzelt und nur äußerst selten über einen längeren und aussagekräftigen Zeitraum erfolgt. Dies bedingt unter anderem, dass die Smartphone- oder Internetsucht, als sogenannte nicht-stoffgebundene Sucht, isoliert betrachtet in Deutschland nicht als Krankheit, sondern als Forschungsdiagnose gewertet wird (vgl. Spitzer, 2015, S. 89).

Auch das Bundesgesundheitsministerium erläutert stellvertretend für die Bundesregierung auf eine Anfrage des Autors an den Bundesgesundheitsminister im Juli 2018, dass man sich den Gefahren, die von einer übermäßigen Smartphone-Nutzung ausgehen, bewusst sei und diese insbesondere durch die Drogenbeauftragte der Bundesregierung seit längerem beobachtet und erforscht werden. Dabei konzentriere man sich allerdings weniger auf die Stressbelastungen, sondern vielmehr auf die Suchtpotenziale, die von digitalen Endgeräten wie dem Smartphone ausgehen. In derselben Stellungnahme räumt das Bundesgesundheitsministerium jedoch ein, dass man sich auch bei bereits laufenden präventiven Maßnahmen der Herausforderung gegenübergestellt sieht, wie die entsprechenden Zielgruppen mit geeigneten Kommunikationsmaßnahmen erreicht werden können (siehe Anhang A).

Die aktuellen Erkenntnisse für Deutschland liegen von der Bundeszentrale für gesundheitliche Aufklärung vor und besagen:

> *„Im Vergleich zur Drogenaffinitätsstudie 2011 hat die Verbreitung computerspiel- und internetbezogener Störungen bei männlichen und weiblichen 12- bis 17-jährigen Jugendlichen zugenommen. Außerdem ist der Anteil der Jugendlichen mit einer problematischen Computerspiel- oder Internetnutzung angestiegen. Bei den 18- bis 25-jährigen jungen Erwachsenen hat sich die Verbreitung computerspiel- und internetbezogener Störungen gegenüber 2011 zwar nicht verändert. Aber es ist eine Zunahme der*

problematischen Computerspiel- oder Internetnutzung zu
beobachten." (Orth, 2017, S. 9)

Aus der Studie geht außerdem hervor, dass die untersuchte Zielgruppe vorwiegend das Smartphone als Zugang zum Internet verwendet und so gut wie alle Befragten über einen solchen Zugang verfügen. Im Durchschnitt verbringen dabei die 12- bis 17-jährigen 22 Stunden und die 18- bis 25-jährigen 21 Stunden pro Woche im Internet oder mit Computerspielen (vgl. ebd., S. 19). Bei 22,4 Prozent der Jugendlichen und 14,9 Prozent der jungen Erwachsenen liegt laut der Studie eine problematische Nutzung vor. Außerdem ist von einer computerspiel- beziehungsweise internetbezogenen Störung bei 5,8 Prozent der Jugendlichen und 2,8 Prozent der jungen Erwachsenen die Rede. In ihrem Resümee kommen die Autoren zu dem Schluss, dass Präventions- und Aufklärungsmaßnahmen insbesondere bei den jüngeren Zielgruppen erforderlich sind, um langfristigen Folgen vorzubeugen (vgl. ebd., S. 37 f.).

Möglichkeiten zur Problemlösung und Prävention

Bezogen auf die dargelegten empirischen Erkenntnisse und verschiedenen Erhebungen sowie die Tatsache, dass Smartphone-Nutzer ihr Gerät täglich mehrere Stunden verwenden, werden im Folgenden mögliche Lösungsansätze aufgezeigt. Dabei beziehen sich die in der Literatur dargestellten Möglichkeiten und Handlungsempfehlungen überwiegend auf die Reduktion der Nutzungsdauer von Smartphone und Internet sowie einem fokussierteren Umgang mit digitalen Medien. Daneben werden vielfach auch auf die Rolle von mehr Achtsamkeit im Alltag hingewiesen und langfristige Strategien zur Medienerziehung für Kinder- und Jugendlichen diskutiert.

Den genannten Problemen, wie die Unterbrechung der eigentlichen Handlung durch den Smartphone-Nutzer und die daraus entstehende Unproduktivität durch fehlende Flow-Momente bzw. eine generelle Unzufriedenheit und Stress, versuchen einige Unternehmen schon heute zu entgegnen, indem sie entsprechende Apps für ihre Kunden bereitstellen, die die exzessive Smartphone-Nutzung reduzieren können.

Darüber hinaus ist heute im Vergleich zu den vergangenen Jahren die Erkenntnis über die problematische Nutzung von Smartphones angestiegen. Begriffe wie Achtsamkeit, Hygge oder Resilienz werden zunehmend auch von der Gesamtbevölkerung wahrgenommen. Dies lässt sich nicht zuletzt an der Zunahme von Büchern, Fachartikeln und der Sichtbarkeit dieser Themenbereiche im Internet erkennen.

Ein prominentes Beispiel für die gesellschaftliche Relevanz dieses Thema ist, dass ein Teil der Aktionäre von Apple den Konzern dazu aufgefordert hat, Schutzmechanismen in seine Geräte einzubauen und Verantwortung zu übernehmen, um Kinder vor der Übermäßigen Smartphone-Nutzung zu schützen und Nutzer dazu zu bringen, wieder bewusster zu konsumieren sowie über die genaue Nutzungsdauer reflektieren zu können.[23] Dabei gehen die Aktionäre auch auf die negativen Folgen der Smartphone-Nutzung ein und legen dem Konzern ein rasches Handeln nahe. Tatsächlich enthält das nächste große Softwareupdate für das Apple iPhone im Herbst 2018 eine entsprechende App zur Überwachung und Kontrolle der eigenen

---

[23] siehe Jana Partners & Calsters, *Open Letter from Jana Partners and Calsters to Apple Inc.*, Pressemeldung vom 6. Januar 2018, https://thinkdifferentlyaboutkids.com/letter/?acc=1 [abgerufen am 4. September 2018].

Smartphone-Nutzung sowie einen umfangreichen „Nicht stören"-Modus[24] bereit.

Die Rolle von Achtsamkeit und digitaler Kompetenz

Im digitalen Zeitalter, in dem die Menschen ständig mit Informationen aus dem World Wide Web, etwa über ihr Smartphone, Tablet, Laptop oder ihre Smartwatch konfrontiert werden, kommt es zunehmend zu einem Autopilotenmodus (vgl. Heidenreich & Michalak, 2003, S. 266), da sie in einer konkreten Situation von ihrem Tun durch diese Medien abgelenkt werden und reflexartig zum Smartphone greifen (vgl. Markowetz, 2015, S. 100; Montag, 2016, S. 16). In diesem Modus vernimmt der Mensch nicht mehr bewusst alle einzelnen Informationen, die auf ihn eintreffen, sondern entscheidet affektiv und zumeist unbewusst. In einem solchen Modus befindliche Menschen nehmen die konkrete Situation und ihr Umfeld nicht mehr in vollem Umfang bewusst war, sondern sind vielmehr Teil des Moments und Mittelpunkt umherschwirrender Gedanken (vgl. Markowetz, 2015, S. 61 f.)

---

[24] siehe Apple, *iOS 12 - Mehr Power für Dich*, https://www.apple.com/de/ios/ios-12-preview/ [abgerufen am 4. September 2018].

Dem Autopilotenmodus kann allerdings durch bewusstes Training, etwa durch Achtsamkeit oder Perspektivenwechsel entgegengewirkt werden. Das Training erzeugt in der Folge ein ausgeglicheneres und zufriedeneres Ich-Gefühl, sowie ein bewusstes Erleben der Situation (vgl. Rheinberg, 2006, S. 348). Hinzu kommt der Aspekt, dass durch das aktive Erleben eines Moments oder einer Situation Stress durch Multitasking, etwa durch Verwendung des Smartphones, vermieden und die Wahrscheinlichkeit für ein Flow-Erlebnis erhöht wird. Das Prinzip der Achtsamkeit heißt hier demnach, die Aufmerksamkeit auf den Moment an sich zu lenken und nicht an andere Tätigkeiten zu denken, also schließlich vollends in der Situation aufzugehen (vgl. ebd., S. 103).

Achtsamkeit ist im Kern mit der Flow-Theorie Csíkszentmihálys verwandt, denn auch er zielt mit dem Flow darauf ab, dass ein Mensch mit seiner Selbst in der Situation aufgeht und umliegende Einflüsse ausblendet (vgl. Csíkszentmihályi, 1985, S. 61). Sowohl regelmäßige Flow-Erlebnisse, als auch mehr Achtsamkeit im Alltag können zur Stressreduktion beitragen und einem, aus Informationsüberfluss resultierendem, Erschöpfungsgefühl vorbeugen. Der Menschen wird insgesamt glücklicher. (vgl. Markowetz, 2015, S. 67, S. 93).

Im zunehmend digitalisierten Alltag und aufgrund der Tatsache, dass nahezu alle Kinder und Jugendlichen Zugang zum Internet haben, ergibt sich eine Problemlage, da diese Gruppe sich noch in ihrer geistigen Entwicklung befindet und zumeist noch keine ausreichende Medienkompetenz im Hinblick auf die Verarbeitung und Bewertung von digitalen Inhalten besitzt. Die Landesanstalt für Medien Nordrhein-Westfalen sieht daher ganz konkret die Eltern in der Pflicht, zu einem sachgemäßen Umgang mit Mobiltelefonen beizutragen. Laut eigener Erhebung der Landesanstalt betreiben etwa 15 Prozent der Eltern „so gut wie gar keine" Handyerziehung (vgl. Hefner, Knop, Schmitt & Vorderer, 2015, S. 10). Deshalb wird, anknüpfend auf die Aussagen des Bundesgesundheitsministeriums, der Politik in den nächsten Jahren eine besondere Rolle zuteil, nämlich junge Menschen im Rahmen ihrer Schulbildung mit entsprechenden Kompetenzen auszustatten um langfristigen Problemen wie Stress oder gar dem Digitalen Burnout vorzubeugen (vgl. Spitzer, 2015, S. 316, S. 325; Markowetz, 2015, S. 187-190).

Auf die Frage, welche konkreten Aufgaben die zukünftige Schulbildung in puncto Medienerziehung haben muss, gibt Alexander Markowetz einen Impuls mit dem Schwerpunkt Entschleunigung:

> *„Unsere zentrale Aufgabe wird es sein, unseren Kindern einen Anker in der realen Welt zu geben - Entschleunigung, Entrümplung, Achtsamkeit, Natur, Arbeit, Kunst und ein bewusstes Leben - und sie für den bewussten*

Umgang mit den Geräten sensibilisieren." (Markowetz, 2015, S. 190)

Entsprechende Konzepte beziehungsweise Ideen zur Vorbereitung von jungen Menschen auf die digitale aber auch auf eine insgesamt dynamischere und schnelllebige Welt liegen bereits vor und werden an manchen Schulen gegenwärtig umgesetzt. So zum Beispiel die Idee von Ernst Fritz-Schubert, Glücksunterricht in den Schulen zu implementieren, in dessen Mittelpunkt neben der Persönlichkeitsstärkung, der Lebenskompetenz und der Lebensfreude (vgl. Saalfrank et al., 2015, S. 17 f.) auch die Aufgabe steht, Schülern die Kompetenz mitzugeben, Herausforderungen des Lebens positiv zu entgegnen. Zusätzlich kann der Glücksunterricht dazu beitragen, den Folgen, die sich aus frustrierenden Situationen ergeben, z. B. wenn ein junger Mensch nicht „online sein" kann (vgl. Markowetz, 2015, S. 196), mit selbstsicherem und reflektiertem Handeln zu entgegen (vgl. Fritz-Schubert, 2017, S. 10 f.).

Des Weiteren kann sowohl das Praktizieren von Flow-Erlebnissen (vgl. Saalfrank et al. 2015, S. 143) als auch die Förderung von Resilienz ein Bestandteil des Glücksunterrichts sein. Resilienz meint in diesem Kontext die Fähigkeit, „Herausforderungen und Krisen des Lebens zu meistern und die neuen Erfahrungen in das Repertoire der eigenen Ressourcen zu integrieren [..]" (Krause & Lorenz 2009, S. 74) aber auch die „[…] Kontrolle über das eigene

[..] Handeln [..]" zu haben und eine eigene Widerstandsfä-
higkeit zu festigen (vgl. Lembke, 2016, S. 35).

Zusammengefasst unterstützen die vorgestellten Modelle
langfristig das selbstbestimmte Handeln der Schülerinnen
und Schüler und tragen so dazu bei, dass sie sich in der
digitalen Welt bewusst und aufmerksam bewegen aber sich
auch im Alltag sachgemäß mit Medien wie dem Smartphone auseinandersetzen und so ständiges Multitasking
oder Ablenkungen vermeiden (vgl. Markowetz, 2015, S.
203).

Digital Detox als mögliche Problemlösung?

Um den beschriebenen negativen Auswirkungen von
Smartphones bei übermäßiger Nutzung, wie etwa Stress
oder dem Gefühl „ausgebrannt" zu sein (vgl. Spitzer, 2015,
S. 346), zu begegnen, hat sich in den letzten Jahren ein
Trend unter dem Begriff „Digital Detox" formiert. Detox,
aus dem englischen to detox, entgiften, abgeleitet, meint
einen Prozess oder einen Zeitraum, in dem auf für den
Körper ungesunde Substanzen verzichtet wird.[25] Gepaart
mit dem Wort digital ergibt sich daraus der Anspruch, den

---

[25] vgl. Oxford, *Definition of detox in English*, https://en.oxforddictio-
naries.com/definition/detox [abgerufen am 4. September 2018].

digitalen Konsum auf ein Minimum zu reduzieren, um somit schädliche Einflüsse auf Körper und Geist zu vermeiden.

Dabei ist das Konzept des digitalen Fastens oder der digitalen Diäten nicht festgeschrieben oder von einem Urheber geschützt. Menschen haben in den vergangenen Jahren ganz eigene, negative, Erfahrungen mit der Digitalisierung gemacht und so haben Wissenschaftler aber auch Privatpersonen eigene Ideen entwickelt, um wieder selbst Kontrolle über ihr digitales, aber auch reales Leben zu bekommen, in dem sie sich einer digitalen Entgiftung unterzogen. Die Gründe für eine solche Maßnahme sind abwechslungsreich, lassen sich jedoch vielfach mit der Betrachtung des Flow-Zustandes, dem persönlichen Wohlbefinden oder dem Kontrollverlust, etwa durch Informationsüberfluss, erklären (vgl. ebd., S. 94-97). Vielfach geht es aber auch darum, gegen die ständige Erreichbarkeit und Ablenkung vorzugehen, um wieder mehr Zeit für sich in persönlichen Situationen verbringen zu können. Ganz nach dem Motto, wie es ein Gastronom auf seine Kreidetafel schrieb: „No WiFi! Have a drink. Enjoy the view. Talk to each other and connect to the real world".

Für den Erzbischof von Köln, Rainer Maria Woelki, gibt es klare Regeln im Umgang mit seinem Smartphone. In einem Radiobeitrag erzählt der Geistliche etwas, dass beispielhaft für das steht, was einen gesunden Umgang mit Smartphones meint:

> *„[…] Es gibt bei mir ganz bewusste Aus-Zeiten. Da hat mein Handy absolute Funkstille. Selbst wenn der Papst persönlich anrufen sollte – ich bin dann wirklich für niemanden erreichbar! Ich habe die Erfahrung gemacht, dass ich diese Aus-Zeiten brauche. Dass mir die Ruhe guttut. Eigentlich möchte ich jedem solche festen Abschaltzeiten empfehlen. Gerade aber unseren Jugendlichen. Klar, die digitale Wunderwelt, die ist faszinierend und überaus verlockend. Aber die ganz reale Welt, die darf uns nicht verloren gehen! Ein digitaler Daumen nach oben mag uns Mut machen. Aber wenn uns der Freund ganz real auf die Schulter klopft oder uns in den Arm nimmt, ist das doch was ganz anderes. Ja, auch ich schaue gerne lustige Videos, tolle Fotos und humorvolle Cartoons, und ich teile die dann auch via Smartphone mit meinen Freunden. Aber ein herzhaftes Lachen in einer lustigen, geselligen Runde mit netten Menschen, die in dem Moment mit mir das Leben teilen – das ist mir 100-mal lieber! […]" (Woelki, 2018)*[26]

---

[26] siehe Domradio, *Wort des Bischofs*, https://www.domradio.de/audio/wort-des-bischofs-169 [abgerufen am 4. September 2018].

Darüber hinaus geht der Bischof gezielt auch auf die erläuterten Problematiken wie die Angst, etwas zu verpassen oder die Nomophobie bei Jugendlichen ein.

Digital Detox könnte insbesondere für die jüngere Generation eine Chance darstellen, sich wieder mehr auf ihre Umwelt zu fokussieren und dem Problem zu entgehen, sich in der Smartphone-Nutzung zu verlieren. 86 Prozent der Befragten einer Erhebung der Freiwilligen Selbstkontrolle Multimedia-Dienstleister im Alter zwischen 13 und 16 Jahren gaben an, schon selbst einmal zu viel Zeit im Internet verbracht zu haben (vgl. Brüggen et al., 2017, S. 28). Der bewusste Verzicht auf das Smartphone könnte sich auch positiv auf diejenigen auswirken, die sich selbst bei einer regenerierenden Handlung, wie dem täglichen Schlaf, von ihrem Handy ablenken lassen (vgl. Strube et al., 2016, S. 62).

Alexander Markowetz sieht in Digital Detox die Chance wieder mehr Flow-Erlebnisse zu erleben um so die „innere Glücksbatterie" aufgeladen zu halten (vgl. Markowetz, 2015, S. 95). Seiner Meinung nach berauben sich die Menschen ihrem persönlichen Glück, indem sie ihr Smartphone exzessiv gebrauchen und dadurch ihren Alltag fragmentieren, wodurch sich die Flow-Momente erheblich reduzieren. Dieser unsachgemäße Gebrauch verhindere das Verspüren von Glücksmomenten und hat in der Konsequenz dafür gesorgt, dass einige Menschen das Glücklich sein verlernt haben (vgl. ebd.). In Bezug auf die erwähnte Prokrastinationsgleichung legt Markowetz nahe, dass die Nutzer von Smartphones durch eine digitale Diät langfristig ihre Geduld verbessern können und so mit gesteigerter Aufmerksamkeit besser gegen Ablenkungen von einer Tätigkeit vorgehen können (vgl. ebd., S. 122 f.).

Ähnlich sieht es der ehemalige Herausgeber der Frankfurter Allgemeinen Zeitung, Frank Schirrmacher. Er geht davon aus, dass es durch die tägliche Informationsüberflutung aus der digitalen Welt zu einer Ich-Erschöpfung kommt. Sein Vorschlag, um dem entgegenzuwirken ist ein Perspektivenwechsel, den er selbst mit Achtsamkeit gleichsetzt (vgl. Schirrmacher, 2011, S. 182). Seiner Meinung nach geht es darum „Verzögerungen in unser Denken einzubauen, um den Aufmerksamkeitsmuskel zu stärken." (vgl. ebd., S. 222).

Zu dem digitalen Fasten gehört es auch, im Alltag auftretende Langeweile auszuhalten und dem schnellen Dopamin-Schub durch das Smartphone zu widerstehen, und zwar während einer Tätigkeit, die kein schnelles Ergebnis verspricht oder in einer Situation, die nicht für dauerhafte Befriedung sorgt. Nur so kann der Mensch in kreative oder entspannende Phasen eintreten, seine Glücksbatterie aufladen und langfristig zu einem zufriedenen Ich gelangen (vgl. Markowetz, 2015, S. 102-104).

Um sich auf eine digitale Diät einzustellen, empfiehlt es sich, den Körper durch sogenanntes Nudging, einer verhaltensökonomischen Methode, zu unterstützen. Es geht darum, das eigene Handeln durch unterbewusste Automatismen zu beeinflussen (vgl. ebd., S. 133), beispielsweise dadurch, dass der Nutzer sein Smartphone im Rucksack transportiert. Ein reflexartiger Griff zum Smartphone zur Überbrückung der Wartezeit an der Bushaltestelle wird somit vermieden (vgl. ebd., S. 134).

Ebenso kann es hilfreich sein, die Momente, in denen das Smartphone regelmäßig genutzt wird zu eruieren, um dann den Grund dafür zu beseitigen. Jemand der sich morgens von seinem Smartphone wecken lässt kann auf einen klassischen Wecker zurückgreifen und vermeidet so, dass er die ersten Minuten des Tages im World Wide Web verbringt (vgl. ebd., S. 136). Dies vermeidet nicht nur die mögliche Erinnerung an eine möglicherweise aufwühlende Nachricht vor dem zu Bett gehen (vgl. Montag, 2016, S. 41), sondern beugt auch Stress vor, der allein aus der Tatsache, dass sich das Smartphone im Schlafzimmer befindet, resultiert (vgl. Lemola et al., 2015, S. 414 f.). Ergänzend zu einem klassischen Wecker bietet es sich bei Verwendern einer Smartwatch an, diese ebenfalls durch eine traditionelle Armbanduhr zu ersetzen, um einer dauerhaften Verbindung mit der digitalen Welt in Form von Push-Benachrichtigungen zu entgehen.

Darüber hinaus sollten diejenigen Nutzer, die ihr Smartphone häufig dazu verwenden, um auf die integrierte Uhr zu schauen, sich eine Armbanduhr zulegen, um so ihren Smartphone-Gebrauch zu reduzieren (vgl. Montag, 2016, S. 41).

Ein weiterer Bestandteil eines bewussten Smartphone-Konsums kann es sein, eigene Freizeiten auch tatsächlich als Freizeit und nicht als Arbeitszeit zu sehen. Dazu gehört, nicht ständig für den Arbeitgeber oder den Kunden außerhalb der regulären Arbeits- beziehungsweise Geschäftszeiten, oder sogar während des Urlaubs, erreichbar zu sein, sondern in dieser Zeitspanne bei abgeschaltetem Smartphone eine bewusste Auszeit zu genießen und die Freizeit nach eigenen Wünschen zu gestalten, um die eigene Glücksbatterie regelmäßig aufzuladen (vgl. Otto, 2016, S. 62 ff.). Um in dieser freien Zeit gemeinsame Momente mit seinen Mitmenschen intensiv und vollends zu erleben, empfiehlt es sich das Smartphone bewusst außer Reichweite aufzubewahren, um dem Unterbewusstsein eine reflexartige Smartphone-Nutzung zu erschweren (vgl. ebd., S. 113 f.).

Einsatz und Anwendung von Achtsamkeit-Apps

In Deutschland geben 33 Prozent der Befragten im Alter zwischen 18 und 39 Jahren an, sich nach dem Feierabend mit digitalen Medien zu entspannen, wohingegen 18 Prozent derselben Altersgruppe in dieser Zeit bewusst den Bildschirm meiden (vgl. Techniker Krankenkasse, 2016, S. 37). Insgesamt geben 49 Prozent aller Befragten an, dass sie in der Freizeit bewusst versuchen, möglichst viel offline zu sein. 42 Prozent der Teilnehmer sagen über sich selbst, dass sie schnell die Zeit vergessen, wenn sie online sind und mehr als jeder vierte (23 Prozent) verbringt nach eigenen Angaben zu viel Zeit im Internet (vgl. ebd., S. 39).

Begleitet von dem bereits erwähnten Druck der Aktionäre auf den Smartphone-Hersteller Apple erscheint im Herbst dieses Jahrs eine hauseigene und vorinstallierte App auf dem iPhone, die den Nutzer durch verschiedene Funktionen vor dem übermäßigen Smartphone-Gebrauch schützen soll. „Die Dosis macht das Gift" (vgl. Spitzer, 2016, S. 192) und so sollen die Nutzer zukünftig maßvoll mit ihren Geräten umgehen. Die neue App „Bildschirmzeit" berichtet detailliert über die tägliche Nutzung des Geräts und kategorisiert dabei die verwendeten Apps, um dem Nutzer zu verdeutlichen, in welchem Bereich er die meiste Zeit investiert. Darüber hinaus können einzelne Apps nach einer gewissen Nutzungsdauer gesperrt werden, um eine exzessive Nutzung zu unterbinden. Eltern können außerdem die Nutzungsdauer ihrer Kinder mit einem Pin-Code beschränken und so den Konsum überwachen.[27] Google will seinen Kunden des Android-Betriebssystems demnächst unter dem Namen „Wellbeing" eine ähnliche, wenn auch nicht so umfangreiche App anbieten[28]. Neben Apple und Google bieten allerdings auch andere unabhängige Hersteller diverse Apps zur Überwachung der eigenen Smartphone-Aktivitäten im App Store bzw. Play Store an. Beispielhaft sind die Apps „Moments"[29] für Apple iOS und „Menthal"[30] (der Universität Bonn) für Google Android zu nennen.

Die genannten Apps bieten einen ersten Ansatzpunkt für den Nutzer, sich kritisch mit seinem eigenen Smartphone-Konsum auseinanderzusetzen und gegebenenfalls weitere Maßnahmen zu treffen, um seinem möglicherweise problematischen Nutzungsverhalten entgegenzuwirken.

---

[27] Quelle: Eigener Praxistest mit iOS 12 auf einem Apple iPhone X im August 2018.

[28] Google, *Great technology should improve life, not distract from it,* https://wellbeing.google [abgerufen am 4. September 2018].

[29] App Store, *Moment - Screen Time Tracker,* https://itunes.apple.com/us/app/moment-track-how-much-you/id771541926?mt=8&ign-mpt=uo%3D4 [abgerufen am 4. September 2018].

[30] Google Play, *Menthal,* https://play.google.com/store/apps/details?id=open.menthal [abgerufen am 4. September 2018].

Fazit

Die Frage, ob smarte Geräte im Alltag belastend wirken und einen neuartigen Stressfaktor für den Nutzer darstellen, wurde umfassend untersucht. Die Ausführungen zu dieser Thematik zeigen zunächst, dass Smartphones, bedingt durch ihre Verbreitung in der Gesellschaft eine hohe Akzeptanz genießen. Dabei wirken smarte Geräte nicht grundsätzlich belastend, sondern bilden erst mit zunehmender Nutzungsdauer und -häufigkeit einen Stressfaktor für den Nutzer.

Nach bisherigem Kenntnisstand scheint insbesondere die Bevölkerungsgruppe betroffen, die sich noch in ihrer Entwicklung befindet und somit mit wesentlichen Kompetenzen noch nicht ausgestattet ist. Bei der Altersgruppe der Jugendlichen und jungen Erwachsenen liegt im Wesentlichen sowohl das größte Suchtpotenzial als auch die größte Nutzungsdauer vor. Ebenso besitzt diese Gruppe eine hohe Affinität zu sozialen Netzwerken und sieht sich dadurch dem Druck der Gruppenzugehörigkeit ausgesetzt, welche sich unter anderem in der Angst, etwas zu verpassen und der in Nomophobie ausdrückt.

Neben den jüngeren Menschen können auch Erwachsene unter der fortschreitenden Digitalisierung der Gesellschaft leiden. Arbeitnehmer fühlen sich durch die vielfältigen

Formen der neuen Kommunikation zunehmend belastet, wenn die Grenzen zwischen Arbeit und Freizeit aufgeweicht werden, wodurch es zu verkürzten Regenerationsphasen kommt. Die Regenereationsphasen selbst sind oft allerdings durch zahlreiche Unterbrechungen in Form von Benachrichtigungen auf dem Smartphone, Tablet, Notebook oder der Smartwatch im Alltag bedroht. Aktuelle Untersuchungen deuten auf eine weitere Fragmentierung des Alltages der Nutzer hin, wenn weiterhin durchschnittlich alle 18 Minuten eine Unterbrechung in Form einer Push-Benachrichtigung erfolgt. Es kommt häufig zu einem verminderten Flow-Erleben, einer Informationsüberlastung und schließlich zu mehr Multi-Tasking.

Die anhaltende Fragmentierung könnte sich langfristig nicht nur negativ auf das mentale Wohlbefinden auswirken, sondern hat zum Teil gesundheitsgefährdende, durch Stress bedingte Auswirkungen wie Bluthochdruck oder Diabetes. Schließlich führt eine regelmäßige Unterbrechung der eigentlichen Tätigkeit beim Smartphone-Nutzer unter Umständen zu einer Unproduktivität.

Neben den Problemen eines Fragmentierten Alltags stellt sich zunehmend auch die Frage nach einer neuen Kommunikationskultur, die während Zeiten von Echtzeit-Kommunikation den Menschen ein allgemein akzeptiertes „nicht erreichbar sein" einräumen sollte.

In der Online-Branche stell sich mehr und mehr ein Zustand der Konkurrenz unter den Bewerbern um die Aufmerksamkeit der Nutzer ein, der dafür sorgt, dass dieser durch gezielte Manipulation des menschlichen Bonussystems einen Großteil seiner Freizeit in den Apps der jeweiligen Anbieter verbringt. Dies begünstigt neben den regulären Belastungen des Nutzers durch zahlreiche auf ihn eintreffende Informationen aus dem World Wide Web weiter die Fragmentierung seines Alltags mit allen damit verbundenen Konsequenzen.

Es bleibt abzuwarten, wie sich der fortwährende digitale Wandel der Gesellschaft vollziehen wird und welche Auswirkungen beziehungsweise welche Langzeitfolgen und -schäden für die Nutzer in diesem Zusammenhang entstehen. Dabei gilt es als eine Herausforderung einerseits für die Wissenschaft, mit Hilfe von Langzeitstudien verlässliche Erkenntnisse über die Auswirkung von Smartphones auf den Menschen zu gewinnen und andererseits für die Zivilgesellschaft, adäquate Antworten auf eine vernetzte Welt zu geben.

Die Tatsache, dass Smartphones für ihre Nutzer einen zusätzlichen Stressfaktor darstellen, darf nicht zum Dauerzustand werden. Bis zur Entwicklung und Anwendung neuer Strategien liegt es an den Menschen, die bisherigen Erkenntnisse aus empirischen Untersuchungen in einer fairen und sachlichen Diskussion zu bewerten und daraus

Schlüsse zu ziehen. Die Implementierung von Glücksunterricht und die Umsetzung von Digital Detox scheinen in diesem Zusammenhang der erste Schritt in die richtige Richtung zu sein.

Ausblick

Wie sieht die Zukunft des Menschen aus, wenn große Teile des Alltags miteinander vernetzt sind, dass Auto autonom durch den Straßenverkehr lenkt und mehr und mehr Menschen ihre Arbeit an unterschiedlichen Arten von Computern verbringen? Was geschieht, wenn Menschen noch mehr Informationen und Push-Benachrichtigungen erhalten und ihr Alltag noch stärker fragmentiert wird?

Auf diese Fragen kann heute niemand Antworten geben, doch könnte es der Gesellschaft, insbesondere durch gezielte Kompetenzerweiterung der kommenden Generationen gelingen, Antworten auf die aus den auftretenden Problemstellungen entstehenden Fragen zu geben. Der Nutzer digitaler Geräte muss sich in Zukunft mehr von seinem persönlichen Willen und weniger von dem der Unternehmen leiten lassen. Dazu gehört es auch, den Moment zu leben und sich nicht ständig von dem Smartphone ablenken zu lassen. Damit dies funktionieren kann, müssen zukünftig dringend auch die Kommunikationsgepflogenheiten in der Wirtschaft verändert werden. Es kann nicht sein, dass ein Arbeitnehmer aufgrund von Nachrichten von seinem Arbeitsplatz, um seine Freizeit gebracht wird. Aber auch in anderen Teilen der Gesellschaft muss es ein Gegensteuern zur beschleunigten Kommunikation geben. Dies kann mit Hilfe von Entschleunigung im Alltag und Digital Detox gelingen. Auch der Glücksunterricht bietet vielversprechende Impulse, um Jugendliche und junge Erwachsene auf ein Leben in einer digitalisierten Welt vorzubereiten.

Auch den Herstellern von Hardware und Software könnte in Zukunft, sofern ihnen etwas an der Gesundheit ihrer Nutzer liegt, die Aufgabe zu teil werden, ihre Produkte darauf auszurichten, den Nutzer zu einem gesundheitsunschädlichen Verhalten zu bewegen. Durch transparente Nutzungsstatistiken oder intelligenten Filter-Mechanismen für eingehende Push-Benachrichtigungen wäre ein erster Schritt getan. Aktuell macht es jedoch den Eindruck, als würden Bemühungen in diese Richtung insbesondere durch die Werbeindustrie erschwert werden, da der Kampf um die Aufmerksamkeit der Nutzer in Zeiten fragmentierter Alltage im Vordergrund steht. Es geht schließlich um Einfluss und einen möglichst hohen Return of Investment für Werbetreibende.

Der vielfach erwähnte fragmentierte Alltag hat langfristig enorme Auswirkung auf die Gesellschaft, da die Menschen wichtige Aufgaben vernachlässigen oder unkonzentriert an ihnen arbeiten. Dies mündet in eine hohe Unproduktivität. Daneben kann die Tatsache, dass Menschen in jeder Situation zum Smartphone greifen, zu einem neuartigen

Kommunikations- und Sozialverhalten mit negativen Auswirkungen führen. Hier sind entsprechende präventive Maßnahmen von allen Beteiligten nötig.

Die Herausforderung wird sein, der ständigen Informationsüberflutung Herr zu werden und das Einsetzen des unterbewussten Autopiloten zu vermeiden. Es gilt im Leben nicht nur reaktiv zu handeln, sondern bewusst und willentlich auf Reize und Einflüsse zu reagieren. Dazu gehört es auch, in einer Welt, in der Raum und Zeit immer mehr miteinander verschmelzen, durch Perspektivenwechsel, die Entscheidung über die Gestaltung seines Lebens zu behalten und somit langfristig Stress zu vermeiden.

Nachwort

Seit dem Start meiner Selbsttherapie sind nun einige Monate ins Land gegangen. Ich fühle mich heute frischer und wacher als je zuvor und habe das Gefühl wieder Herr über mein Smartphone-Verhalten zu sein und selbstbestimmt den Zugriff auf die digitale Welt steuern zu können.

Die Bearbeitung der Literatur hat mir einerseits mit Erschrecken aufgezeigt, wie weit die Digitalisierung in den Kinderzimmern dieser Welt bereits fortgeschritten ist und mit welchen Nebenwirkungen die Nutzer heute schon zu kämpfen haben. Andererseits macht die Wissenschaft Hoffnung, indem sie Möglichkeiten und Wege aufzeigt, der unkontrollierten Digitalisierung unserer Welt entgegenzutreten.

Das die Digitalisierung der Welt selbstverständlich und nicht mehr aufzuhalten ist, wird mehr und mehr zum breiten Konsens in der westlichen Welt. Das sich an der Nutzung und den Auswirkungen nichts ändern ließe, ist glücklicherweise noch nirgends festgeschrieben und macht Hoffnung, dass wir nicht wie bei dem Wissen über die Folgen von Nikotin- oder Zucker-Missbrauch, zu spät oder gar nicht effektiv handeln, sondern die Chance nutzen und negative Langzeitfolgen abwenden.

Es liegt in den Händen der Zivilgesellschaft, den Produzenten und Anbietern selbstbewusst entgegenzutreten und uns selbst vor einem digitalen Burnout durch Informationsüberflutung zu schützen. Die Benachrichtigungen und regelmäßigen „Plings" in Form von Push-Benachrichtigungen auf andere Plattformen, wie beispielsweise auf die Apple Watch oder auf Amazon Alexa, zu verlagern ist in diesem Zuge nicht die Lösung, sondern Teil des Problems. Daher gilt es weiterhin an einer sinnvollen Steuerung von Informationen aus dem World Wide Web zu arbeiten und Nutzer nicht zusätzlich zu belasten.

You can't connect the dots looking forward; you can only connect them looking backwards. So you have to trust that the dots will somehow connect in your future. You have to trust in something - your gut, destiny, life, karma, whatever. This approach has never let me down, and it has made all the difference in my life.

Steve Jobs

Literaturverzeichnis

AGOF e. V. (2017). digital facts 2017-03. Abrufbar unter: https://www.agof.de/download/Downloads_digital_facts/Downloads_Digital_Facts_2017/Downloads_Digital_Facts_2017-03/03-2017_df_Grafiken_digital%20facts%202017-03.pdf?x54537 [abgerufen am 4. September 2018].

Altmann, Erik M., Trafton, J. Gregory & Hambrick, David Z. (2014). Momentary interruptions can derail the train of thought. Journal of Experimental Psychology: General, 143(1), 215-226.

Andone, Ionut, Błaszkiewicz, Konrad, Eibes, Mark, Trendafilov, Boris, Montag, Christian, & Markowetz, Alexander. (2016). How age and gender affect smartphone usage. Proceedings of the 2016 ACM International Joint Conference on Pervasive and Ubiquitous Computing, 9-12.

Bächle, Thomas Christian & Thimm, Caja (2014). Mobile Medien – mobiles Leben. Neue Technologien, Mobilität und die mediatisierte Gesellschaft. Berlin: LIT Verlag.

Brüggen, Niels, Dreyer, Stephan, Drosselmeier, Marius, Gebel, Christa, Hasebrink, Uwe & Rechlitz, Marcel (2017). Jugendmedienschutzindex: Der Umgang mit online- bezogenen Risiken – Ergebnisse der Befragung von Eltern und Heranwachsenden. Abrufbar unter: https://www.fsm.de/sites/default/files/FSM_Jugendmedienschutzindex.pdf [abgerufen am 4. September 2018].

Bundesnetzagentur (2017). Jahresbericht 2017. Netze für die Zukunft. Abrufbar unter: https://www.bundesnetzagentur.de/SharedDocs/Downloads/DE/Allgemeines/Bundesnetzagentur/Publikationen/Berichte/2018/JB2017.pdf?__blob=publicationFile [abgerufen am 4. September 2018].

Bitkom (2018). Smartphone-Markt: Konjunktur und Trends. Abrufbar unter: https://www.bitkom.org/Presse/Anhaenge-an-PIs/2018/Bitkom-Pressekonferenz-Smartphone-Markt-22-02-2018-Praesentation-final.pdf [abgerufen am 4. September 2018].

Csíkszentmihály, Mihály (1985). Das flow-Erlebnis: jenseits von Angst und Langeweile: im Tun aufgehen. Stuttgart: Klett-Cotta.

DeHaan, Cody R., Gladwell, Valerie, Murayama, Kou & Przybylski, Andrew K (2013). Motivational, emotional, and behavioral correlates of fear of missing out. Computers in Human Behavior, 29(4), 1841-1848.

DeMarco, Tom & Lister, Tim (2014). Wien wartet auf Dich! Produktive Projekte und Teams. München: Carl Hanser Verlag GmbH Co KG.

Ernst & Young (2017). Online-Nutzung in Deutschland. Ergebnisse einer Befragung von 1.400 Verbrauchern. Abrufbar unter: https://www.ey.com/Publication/vwLUAssets/ey-online-nutzung-in-deutschland-juni-2017/$FILE/ey-online-nutzung-in-deutschland-juni-2017.pdf [abgerufen am 4. September 2018].

Fritz-Schubert, Ernst, Leyhausen, Malte & Saalfrank, Wolf-Thorsten (2015). Praxisbuch Schulfach Glück. Weinhein: Beltz Verlag.

Fritz-Schubert, Ernst (2017). Lernziel Wohlbefinden: Entwicklung des Konzeptes "Schulfach Glück" zur Operationalisierung und Realisierung gesundheits- und bildungsrelevanter Zielkategorien. Weinheim: Beltz Juventa.

Festinger, Leon (1954). A theory of social comparison processes. Human relations, 7(2), 117-140.

Hefner, Dorothée, Knop, Karin, Schmitt, Stefanie & Vorderer, Peter (2015). Mediatisierung Mobil. Handy- und Mobile Internetnutzung von Kindern und Jugendlichen. Abrufbar unter: https://www.medienanstalt-nrw.de/fileadmin/user_upload/lfm-nrw/Service/Veranstaltungen_und_Preise/Tagungen_und_Praesentationen/Alwayson/Dokumente/Band-77_Mediatisierung-mobil_Zusammenfassung.pdf [abgerufen am 4. September 2018].

Heidenreich, Thomas & Michalak, Johannes (2003). Achtsamkeit («Mindfulness») als Therapieprinzip in Verhaltenstherapie und Verhaltensmedizin. Verhaltenstherapie, 13(4), 264-274.

Knieps, Franz & Pfaff, Holger (Hrsg.). (2017). Digitale Arbeit - Digitale Gesundheit. Zahlen, Daten, Fakten. Berlin: MWV Medizinisch Wissenschaftliche Verlagsgesellschaft.

Krause, Christina & Lorenz, Rüdiger-Felix (2009). Was Kindern Halt gibt, Salutogenese in der Erziehung. Göttingen: Vandenhoeck & Ruprecht GmbH & Co. KG.

Lee, Yu-Kang, Chang, Chun-Tuan, Lin, You & Cheng, Zhao-Hong (2014). The dark side of smartphone usage: Psychological traits, compulsive behavior and technostress. Computers in human behavior, 31, 373-383.

Lembke, Gerald (2016). Im digitalen Hamsterrad. Ein Plädoyer für den gesunden Umgang mit Smartphone & Co. Heidelberg: medhochzwei Verlag GmbH.

Lemola, Sakari, Perkinson-Gloor, Nadine, Brand, Serge, Dewald-Kaufmann, Julia F. & Grob, Alexander (2015). Adolescents' electronic media use at night, sleep disturbance, and depressive symptoms in the smartphone age. Journal of youth and adolescence, 44(2), 405-418.

Mark, Gloria & Gudith, Daniela & Klocke, Ulrich (2008). The cost of interrupted work: More speed and stress. Conference on Human Factors in Computing Systems - Proceedings, 107-110.

Markowetz, Alexander (2015). Digitaler Burnout. Warum unsere permanente Smartphone-Nutzung gefährlich. München: Knaur Verlag.

Medienpädagogischer Forschungsverbund Südwest (2017). JIM-Studie 2017. Jugend, Information, (Multi-) Media. Abrufbar unter: https://www.mpfs.de/fileadmin/files/Studien/JIM/2017/JIM_2017.pdf [abgerufen am 4. September 2018].

Meier, Jörg (2012). Kommunikationsformen im Wandel. Brief - E-Mail - SMS. WerkstattGeschichte, 60, 58-75.

Merton, Robert (2012). Soziologische Theorie und soziale Struktur. Berlin: Walter de Gruyter.

Montag, Christian (2018). Homo Digitalis. Smartphones, soziale Netzwerke und das Gehirn. Wiesbaden: Springer.

Ophir, Eyal, Nass, Clifford, & Wagner, Anthony D. (2009). Cognitive control in media multitaskers. Proceedings of the National Academy of Sciences, 106(37), 15583-15587.

Orth, Boris (2017). Die Drogenaffinität Jugendlicher in der Bundesrepublik Deutschland 2015. Teilband Computerspiele und Internet. BZgA-Forschungsbericht. Köln: Bu deszentrale für gesundheitliche Aufklärung.

Otto, Daniela (2016). Digital Detox. Wie Sie entspannt mit Handy & Co. leben. Berlin: Springer Verlag.

Pavlov, Ivan. (1906). The scientific investigation of the psychical faculties or processes in the higher animals. Science, 24(620), 613-619.

Rheinberg, Falko (2006). Intrinsische Motivation und Flow-Erleben. In Motivation und Handeln (S. 331-354). Berlin & Heidelberg: Springer.

Rosa, Hartmut (2016). Beschleunigung: die Veränderung der Zeitstrukturen in der Moderne (11. Auflage). Frankfurt am Main: Suhrkamp Taschenbuch Verlag.

Schirrmacher, Frank (2011). Payback. Warum wir im Informationszeitalter gezwungen sind zu tun, was wir nicht tun wollen, und wie wir die Kontrolle über unser Denken zurückgewinnen. München: Karl Blessing Verlag.

Skinner, Burhus (1951). How to teach animals. Scientific American, 185(6), 26-29.

Spitzer, Manfred (2015). Cyberkrank! Wie das digitalisierte Leben unsere Gesundheit ruiniert. München: Droemer Knaur GmbH & Co. KG.

Steel, Piers (2007). The nature of procrastination: A meta-analytic and theoretical review of quintessential self-regulatory failure. Psychological bulletin, 133(1), 65-94.

Strube, Tanja B., In-Albon, Tina, & Weeß, Hans-Günther (2016). Machen Smartphones Jugendliche und junge Erwachsene schlaflos? Somnologie, 20(1), 61-66.

Techniker Krankenkasse (2016). Entspann dich Deutschland. TK-Stressstudie 2016. Abrufbar unter: https://www.tk.de/re-source/blob/2026630/9154e4c71766c410dc859916aa798217/tk-stressstudie-2016-data.pdf [abgerufen am 4. September 2018].

Ward, Adrian F., Duke, Kristen, Gneezy, Ayelet, & Bos, MMaarten W. (2017). Brain drain: The mere presence of one's own smartphone reduces available cognitive capacity. Journal of the Association for Consumer Research, 2(2), 140–154.

Weiss, Jay (1971). Effects of coping behavior in different warning signal conditions on stress pathology in rats. Journal of Comparative and Physiological Psychology, 77(1), 1-13.

Westermann, Tilo, Möller, Sebastian, & Wechsung, Ina (2015). Assessing the relationship between technical affinity, stress and notifications on smartphones. Proceedings of the 17th International Conference on Human-Computer Interaction with Mobile Devices and Services Adjunct, 652-659.

Anhang

E-Mail des Bundesgesundheitsministeriums

Von: xxx@bmg.bund.de

Betreff: AW: Frage zum Thema digitale Gesundheit in der Zukunft

Datum: 20. Juni 2018 um 16:58

An: noel.schaefer@xxx Kopie: 511 BMG xxx@bmg.bund.de

Sehr geehrter Herr Schäfer,

Sie hatten sich per E-Mail an Herrn Minister Spahn gewandt und einige Fragen gestellt. Bitte erlauben Sie mir, dass ich Ihnen an seiner Stelle antworte.

Die Gefahren, die Sie rund um die Nutzung von Smartphones sehen, werden vom BMG und insbesondere durch die Drogenbeauftragte der Bundesregierung seit längerem beobachtet und erforscht. Dabei stehen allerdings weniger die Stressbelastungen als vielmehr die Suchtpotentiale im Vordergrund.

Es ist in der Tat geboten, präventive Maßnahmen zu ergreifen – was ja bereits geschieht. Diese Maßnahmen stehen allerdings – wie das auch bei allen anderen Präventionsmaßnahmen der Fall ist – vor der Herausforderung, wie die entsprechenden Zielgruppen mit geeigneten Kommunikationsmaßnahmen erreicht werden können.

Um Ihnen einen Überblick zu geben, habe ich einige Links zusammengestellt, die für Sie sicherlich hilfreich sind:

https://www.drogenbeauftragte.de/themen/suchtstoffe-und-abhaengigkeiten/computerspielesucht-und-internetsucht.html

Hilfsangebote: https://www.drogenbeauftragte.de/themen/suchtstoffe-und-abhaengigkeiten/computerspielesucht-und-internetsucht/webholic-themenseite.html

http://www.computersuchthilfe.info/home.html

Studien: https://www.rfh-koeln.de/sites/rfh_koelnDE/myzms/content/e380/e1184/e29466/e34095/e34098/2016112 1_BLIKK_Pressemitteilung_Aend_VJ_ger.pdf

Fachbericht https://www.drogenbeauftragte.de/fileadmin/dateien- dba/Drogenbeauftragte/2_Themen/2_Suchtstoffe_und_Abhaengigkeiten/5_Onlinespiele- _und_Computersucht/Downloads/jahrestagung_2016_rumpf_ohne_fotos.pdf

Danke und beste Grüße

XXX

Wie hat Ihnen das Buch gefallen? Kontaktieren Sie mich:

www.schaefer.tk